나답게,
가치 있는
삶을
살아가는
이야기

알고 보면
괜찮은

마가
글

불광출판사

들숨 한 번에 꽃이 핍니다.
날숨 한 번에 꽃이 집니다.

들숨 한 번에 신록이 돋는 봄 들녘
날숨 한 번에 단풍 지는 가을 들녘

들숨 한 번에 밀물이 듭니다.
날숨 한 번에 썰물이 집니다.

숨 한 번에 일렁이는 파도
숨 한 번에 고요해지는 수면

들숨 한 번에 태양이 찬란히 떠오릅니다.
날숨 한 번에 태양이 서산으로 기웁니다.
들숨 한 번에 개밥바라기별이 어둔 하늘을 밝힙니다.
날숨 한 번에 새벽별이 박명(薄明) 속으로 사라집니다.
숨 한 번의 환희
숨 한 번의 비애

피고 지고, 들고 나고, 떠오르고 기울고
일어서고 쓰러지고, 생겨나서 사라지는 숨

이 땅의 모든 생명도,
그 모든 생명의 어머니인 지구도,
지구의 어머니인 우주도
펄떡이는 심장으로 숨 쉼으로써 살아 있음을 증명합니다.

어머니가 아이를 보듬는 손길로
가만히 자신의 숨을 느껴보십시오.
이제는 괜찮아, 라고 다독이는 소리가 들리지 않나요?
사랑하는 이들의 숨을 떠올려보십시오.
이제는 괜찮아 내가 곁에 있어줄게,
라는 소리가 들리지 않나요?
두려운 사람의 숨을 떠올려보십시오.
당신도 무서우면 심장이 뛰는구나,
라는 소리가 들리지 않나요?
마지막으로 미운 사람의 숨을 떠올려보십시오.
당신도 슬프면 쉽게 우는구나,
라는 소리가 들리지 않나요?
당신도 나처럼 아픈 사람이었구나,
그래, 이제는 괜찮아, 라는 소리가 들리지 않나요?

그렇습니다.
숨이 부처님입니다.
숨이 보살님입니다.
낱낱의 숨이 모여서 이루는 화음(和音)
바로 화엄만다라입니다.

- 마가, 「숨 한 번」

여는 글

너는
또 다른
나

많은 이가 저를 만나면 "어떻게 하면 삶이 편안해질까요?"라고 묻습니다. 출가자이다 보니 저는 불교 사상에 입각한 해답을 제시할 수밖에 없습니다. 그 대답은 간단합니다.

"지혜와 자비를 기르면 됩니다."

지혜란 어려운 게 아닙니다. '지금 이 순간, 자신이 하는 것을 알아차리는 것'입니다.

기실 이 세상에 영원히 존재하는 것은 없습니다. 초침이 바뀌는 순간에도 이 세상은 변화합니다. 그러니 이 세상에는 고정된 실체가 없다고 할 수 있습니다. '나'랄 것도 '내 것'이랄 것도 없는 것입니다.

이 세상에 유일하게 존재하는 것이 있다면 그물망처럼 얽혀 있는 관계뿐입니다. 사람과 사람의 관계, 사람과 자연의 관계 속에서 우리는 살고 있습니다. 하지만 매우 당연한 이 사실을 우리는 가볍게 여기면서 살아가고 있습니다. 이 세상의 모든 게 관계를 맺고 있다는 사실을 안다면 '너는 또 다른 나'라는 생각이 절로 싹트게 됩니다. 그리하여 타자에게 지극한 연민을 느끼게 됩니다. 어머니가 아이를 보듬듯, 관세음보살이 중생을 보살피듯 타자를 불쌍히 여기고 타자가 행복해지길 바라는 마음을 갖는 게 바로 자비입니다.

제가 이 책을 쓰게 된 이유도 독자들이 타자에 대한 사랑을 키웠으면 하는 바람 때문입니다. 그런 까닭에 이번 책에서는 제 개인사는 물론이고 수행 과정에서 느낀 것들을 허심탄회하게 털어놓음으로써 한 발 더 독자들 곁으로 다가가고자 합니다.

특히 고마운 분들이 생각납니다. 부모님, 은사이신 현성 스님, 정각원장 법타 큰스님, 정연정 교수님을 비롯한 인연 맺은 모든 분들에게 이 자리를 빌려 사랑하고 존경하는 마음을 보냅니다.

여법(如法)하게 책을 출간해준 류지호 주간을 비롯한 불광출판사 식구들과 원고를 꼼꼼하게 감수해준 유응오 작가에게 고마운 마음을 전합니다.

차례

여는 글 _ 너는 또 다른 나 8

1장
**가까운
사람이
아프게 할 때**

아버지 용서하기 16
가족은 함께 자란다 30
미타쿠예 오야신 48
화해, 진정으로 나를 사랑하는 길 62
사랑할 시간은 그리 많지 않다 76

2장
고운
사람 무늬
그리기

'틀리다'와 '다르다' 88

한 비를 맞더라도 각기 자란다 98

물을 닮은 리더십 110

명품 사람이 된다는 것 120

말하기보다 듣기 130

맨발로 걷자 142

품격 있는 집 짓기 154

배고픔에 담긴 지혜 162

3장
내가
누구인지를
안다는 것

자기 자신에게 박수를 174
가장 좋은 스승은 바로 나 186
마음 청소 196
내 안에서 보물 찾기 204
내가 사랑한 건 당신의 다리가 아닙니다 216
지혜는 열린 문으로 든다 226
지금 이 순간을 살아라 238

맺는 글_ 쉼이 곧 깨달음 248

일상에서의 쉼표 하나

- 화를 풀어주기 28
- 자비심 기르기 45
- 모두를 위한 기도 60
- 생명력을 느끼며 잠들기 74
- 다시 태어나는 연습 83
- 오감 다스리기 96
- 스트레스 풀어주기 108
- 행복 명상 128
- 걷기 명상 152
- 밥 한 그릇을 돌아보기 171
- 불안감 다스리기 184
- 누워서 긴장 비워내기 203
- 불평불만 다스리기 214
- 공감 연습 236
- 1분 명상 247

1장

가까운 사람이 아프게 할 때

아버지 용서하기

번뇌를 벗어나는 일이 예삿일이 아니니
승두를 단단히 잡고 한바탕 공부할지어다.
추위가 한 번 뼈에 사무치지 않고서야
어찌 코를 찌르는 매화 향기를 얻을 수 있으리오.

백장 회해 선사

"추위가 한 번 뼈에 사무치지 않고서
야 어찌 코를 찌르는 매화 향기를 얻을 수 있으리오."

　중국 당나라 때 백장 회해 선사의 시에서 이 구절을 읽을 때마다 제 가슴엔 이 시를 처음 읽었을 때 가슴 가득 느꼈던 환희가 되살아나곤 합니다. 세상에는 수많은 꽃들이 피고 집니다. 하지만 그 꽃들 중 어느 것 하나 가지를 찢는 아픔을 견디지 않고 피어나는 것은 없습니다.

　뼈에 사무치는 아픔을 딛고 일어설 때 깊이 성장할 수 있다는 걸 저는 알고 있습니다. 제게도 뼈에 사무치는 아픔이 있었고, 그 아픔이 제가 수행하는 데 크나큰 재산이 되었기 때문입니다. 출가자는 평전 보안 선사의 "이 문 안에 들어온 후에는 알음알이를 내려놓으라."라는 가르침에 따라야 하므로 출가 이전의 이야기에 대해서는 말하지 않는 게 옳습니다만, 여러분께 올바른 자비 명상을 설명해야 하는 터라 불가피하게 제 개인사를 털어놓고자 합니다.

제게 가장 큰 아픔은 바로 가족이었습니다. 더 정확히 말하면 아버지였습니다. 저는 전남 고흥의 한 빈한한 농가에서 태어났습니다. 형제는 4남매인데, 위로 형 하나와 누나 둘이 있고 제가 막내입니다. 근대화가 이뤄지기 전 보릿고개를 넘기지 못한 농촌 풍경은 남루하기 이를 데 없었습니다. 그나마 다행인 것은 너 나 할 것 없이 가난했던 터라 기운 옷을 입고 있다고, 아침저녁을 굶는다고 흉보는 이는 없었다는 것입니다. 모두 가난하다 보니 상대적인 박탈감이랄 게 없었던 것이지요. 돌이켜보면, 들마루에 앉아 보리밥에 풋고추를 된장에 찍어 먹던 고향 마을 사람들 모습이 그립기도 합니다.

어릴 적 제게 가장 어려웠던 것은 배고픔이 아니었습니다. 바로 아버지가 집에 없는 것이었습니다. 여기서 저는 부재(不在)와 무상(無常)은 다르다는 것을 말하고 싶습니다. 무상은 정함이 없는 것이지만, 부재는 마땅히 있어야 할 것이 없는 것입니다. 따라서 무상을 경험하면 인생의 덧없음을 깨닫게 되지만, 부재를 경험하면 마음에 돌처럼 단단한 슬픔이 깃들게 됩니다.

제가 어머니 배 속에 있을 때 아버지는 이웃집 아주머니와 도회지로 나가서 살림을 차렸습니다. 수행으로 마음의 응어리를 푼 뒤부터는 아버지가 이웃집 아주머니에게 '픽업(pick up)' 당했다고 웃으면서 말할 수 있게 됐지만, 그 전까지는 아버지 이야기를 꺼내는 것조차 제게는 여간 불편한 게 아니었습니다. 무엇보다도 아버지에게 버림받았다는 생각이 어린 제 영혼에 크나큰 상처를 줬던 것이지요. 다른 식구들도 마찬가지여서, 훤한 대낮에도 집 안에는 어둠만이 도사리고 있었습니다.

가장 힘겨워한 이는 어머니였습니다. 어머니는 느닷없이 가슴패기를 쥐어뜯다가 쓰러지기 일쑤였습니다. 하지만 먹고살기도 어려운 시절인지라 어머니는 병원에 가볼 엄두도 못 냈습니다. 할 수 있는 일이라곤 무당을 부르는 것밖에 없어, 무당이 마당에서 굿판을 벌이기도 했습니다. 그런 을씨년스러운 풍경을 저와 형제들은 숨죽이며 지켜봐야 했습니다. 아들 없이 며느리하고만 살아야 하는 할아버지와 할머니의 심정도 불편하기는 이만저만이 아니었을 것입니다.

초등학교 1학년 소풍날에 저는 따라나서는 어머니의 손을 뿌리치고 마을 뒷산으로 내달렸습니다. 다른 친구들은 모두 부모님이 함께 오시는데 저 혼자 어머니만 모시고 가려니까 부끄러웠던 것이지요. 어머니는 산까지 따라와서 저를 달랬습니다. 하지만 저는 쭈그리고 앉아서 주워 든 소나무 가지로 땅바닥을 헤집기만 했습니다. 나뭇가지에 묻어 나오는 선연히 붉은 흙. 어머니는 아들이 자신의 가슴을 후비는 고통을 받으셨을 것입니다. 어깨를 들썩이면서 숨죽여 눈물을 흘리는 어머니의 모습이 오래도록 제

가슴에 뚜렷하게 박혀 있었습니다.

　더 자라서는 아버지에 대한 미움이 아버지와 함께 사는 아이들에 대한 미움으로 바뀌었습니다. 아버지 손을 잡고 걸어가는 아이를 보면 마음속에서 잉걸불이 타는 듯 분노가 일었습니다. 그래서 종종 친구들을 아무 이유 없이 때리곤 했습니다. 상대적 박탈감이 폭력성으로 드러난 것이지요.

　아버지에 대한 분노는 고등학생 시절 절정에 다다랐습니다. 저는 중학생 때까지는 어머니 슬하에서 자라다가 광주에 있는 고등학교에 진학하기 위해 아버지 집을 찾아갔습니다. 당시 아버지는 장성에서 살고 있었습니다. 부모님과 아내, 아들딸이 살고 있는 집을 그간 한 번도 돌보지 않은 아버지에 대한 미움에다 어머니 자리를 차지하고 있는 새어머니에 대한 분노까지 겹쳐, 저는 위악적인 청소년기를 보낼 수밖에 없었습니다. 공부는 뒷전이고 친구들과 어울려 말썽을 부리느라 바빴습니다. 아버지가 제게 줬던 상처를 저도 똑같이 아버지에게 돌려주고 싶었습니다. 마음속의 화가 극에 달해 아버지를 미워하다 못해 증오하는 지경에까지 이른 것입니다.

　아버지는 잘못된 길을 가는 저를 보면서 몹시 안타까워했습니다. 하지만 저는 그런 아버지를 지켜보면서 희열을 만끽할 수 있었습니다. 일종의 자기부정이었습니다. 제가 자기부정이라고 한 까닭은 당시 저는 아버지만 미워하고 부정한 게 아니라 아버지의 피를 물려받은 저 자신, 그리고 훗날 아버지의 모습이 투영될 제 모습까지 미워하고 부정했기 때문입니다. 당시 저는 저 자신은 물론이고 제게 투영돼 있는 아버지의 모습까지도 지우고 싶었는지도 모르겠습니다.

그러다가 아버지와의 갈등이 첨예하게 드러나는 일이 발생했습니다. 당시 저는 5년간 광주의 한 교회에 다녔습니다. 마음 지옥에서 탈출할 수 있는 유일한 출구였던지라 제게 교회는 크게 느껴졌습니다. 그런 까닭에 목사가 되어야겠다고 결심하게 됐습니다. 하지만 아버지는 제가 목회자의 길을 가는 것을 허락하지 않았습니다. 아버지는 교회에 찾아가 항의했고, 그 일 이후 저는 아버지를 더욱 미워하게 됐습니다. 그런 나머지 터무니없게도 저는 이런 결심을 했습니다.

'내가 자살하면 아버지가 평생 후회하면서 살겠지.'

결심을 실행에 옮기기 위해 저는 1년 동안 수시로 약국을 찾아갔습니다. 수면제를 모으려면 그 수밖에 없었습니다. 당시에도 약국에서는 한꺼번에 수면제를 많이 팔지 않았기 때문에 오랫동안 드문드문 몇 알씩 사서 모았습니다.

이윽고 수면제 일흔 알을 모았고, 저는 강원도로 향했습니다. 강원도에는 어떤 연고도 없었습니다. 그런데도 제가 굳이 강원도 행을 택한 이유는 막연히 집에서 가장 먼 곳으로 가고 싶다는 생각 때문이었습니다. 눈 쌓인 오대산은 장관이었습니다. 아름다운 설경을 보고 있으려니 마음이 축축하게 젖어드는 게 느껴졌습니다. 깊게 심호흡을 한 뒤 준비한 수면제를 주머니에서 꺼냈습니다. 열 알, 스무 알씩 수면제를 나눠 입안에 털어 넣고 물을 마셨습니다. 머지않아서 눈꺼풀이 무겁게 내려왔습니다.

얼마나 시간이 지났을까요? 저는 월정사에서 의식을 되찾았습니다. 산에서 죽어가는 저를 한 스님이 발견하고서 그곳으로 데려온 것이었습니다. 제가 3일 만에 깨어났다며 스님은 이렇게 말했습니다.

"자네는 부처님 가피로 다시 태어났으니, 여생은 부처님에게 바치게나."

출가자로서의 제 첫 걸음은 그렇게 시작됐습니다. 목사가 되는 게 꿈이었던 제가 뜻하지 않게 출가하게 됐으니 어찌 보면 이 또한 인연이 아닐까 하는 생각이 들기도 합니다.

출가를 했다고는 하나 의지가 없는 입산이었던 터라 제 수행 과정은 더딜 수밖에 없었습니다. 탄허 스님이 "금을 얻기 위해서는 은산을 다 부셔야 한다. 그래야 금 한 조각을 얻는다. 그래서 선불장(選佛場)이라고 한다."라고 일러주셨지만, 준비가 되지 않은 저로서는 이해할 수 없는 말씀이었습니다.

    월정사를 나와 1년 동안 만행을 다니다가 도선사를 찾았습니다. 도선사에서 은사인 현성 스님을 뵙게 되었습니다. 이후 군대에서 군종병으로 근무한 뒤 1985년에 계를 받았습니다. 1982년에 오대산 월정사로 입산했으니 3년 만에 스님 신분이 된 것이지요. 스님이 되었다고는 하나 여전히 마음의 평화를 얻을 수는 없었습니다. 그나마 다행인 것은 도선사에서 어린이 법회를 지도하는 과정에서 천진한 어린이가 바로 부처님 모습임을 조금은 알게 되었다는 것입니다.

    이후 도선사에서 돈을 관리하는 일을 맡았는데, 머릿속에 숫자만 가득하니 수행은 더 소원해질 수밖에 없었습니다. 궁리 끝에 저는 도선사를 떠나 법주사 복천암으로 갔습니다. 복천암에서 한 철을 났지만 이렇다 할 성과는 얻지 못했습니다. 이어서 봉암사로, 정혜사로, 부산 해운정사로, 경기도 가평 현등선원으로, 충청도 홍성 내원사로 깨달음을 얻기 위해 떠돌았지만 허사였습니다. 부산 해운정사에서는 진제 스님께 일념으로 화두를 챙기라는 가르침을 받았지만 수행에 진전은 없었습니다. 새벽녘에 가부좌를 틀고 앉아도 졸기 일쑤였습니다. 이는 어미 닭이 아무리 정성

껏 껍질을 깨도 알 속의 병아리가 바깥으로 나올 준비가 되어 있지 않으면 부화가 되지 않는 이치와 같습니다.

무엇보다도 제 수행의 가장 큰 방해물은 마음속의 불이었습니다. 불쑥불쑥 치밀어 오르는 정체 모를 화 때문에 수행이 제대로 되지 않았습니다.

제가 비로소 헐떡거리는 마음을 내려놓고 수행에 전념할 수 있었던 것은 청화 스님을 뵌 뒤였습니다. 전남 곡성 태안사에서 스님을 뵈었는데, 저를 보신 스님이 대뜸 이렇게 물었습니다.

"자네는 출가 전에 어떻게 살았나?"

그 순간 가슴이 막히더군요. 아무 말도 할 수가 없었습니다. 가슴을 옥죄는 정체는 다름 아닌 아버지였습니다. 그동안 잊고 살았던 아버지의 잔영이 마음이라는 수면 위로 떠올랐던 것이지요. 청화 스님의 표정은 매우 온화했고, 음성은 한없이 자비로웠습니다. 보이지 않는 따뜻한 기운이 제게 전해 오더군요. 봄 햇살처럼 따사로운 기운이었습니다.

태안사에서 한 달 반 정도 수행하면서 저는 아버지에 대한 증오심을 떨쳐낼 수 있었습니다. 아버지를 마음의 감옥에 가두는 대신 마음의 감옥에서 탈출시킴으로써 그것이 가능했습니다. 어느 날, 저녁 예불을 마치고 석양이 물든 경내를 바라보다가 저도 모르게 눈물이 주르륵 흘렀습니다.

"아버지, 고맙습니다."

제 입에서 이 한 마디가 불쑥 튀어나왔습니다.

그다음에 저는 "큰스님, 고맙습니다.", "부처님, 고맙습니다."를 되뇌었습니다. 그 세 마디 말을 내뱉고 나니 그간 저를 억누르던 앙금이 마음에서 모두 사라지고 시야가 맑아지기 시작했습니다. 이렇게 세상에 대한 한없는 자비심을 줬으니 '아버지가 내게는 선지식이구나!' 하는 생각이 들었습니다.

육조 혜능 스님은 "번뇌가 곧 깨달음"이라고 말씀했습니다. 연꽃이 뻘밭에서 피어나듯이 깨달음이란 오랜 번뇌의 산물일 수밖에 없습니다. 조개가 자기 몸을 찌르는 이물질을 분비물로 감싸고 또 감싸서 진주를 만드는 원리와 흡사합니다. 때로는 상처도 보석이 될 수 있다는 사실을 깨닫고 나니 그간 제가 얼마나 어리석고 미련했는지 새삼 느낄 수 있었습니다. 그러자 세상에 대한 불평불만으로 가득했던 저 자신이 부끄러워지더군요.

많은 사람이 자신이 본 세상을 진실로 믿습니다. 그런데 선글라스를 쓰고 있다면 세상은 검게 보일 것입니다. 먼지가 부옇게 내려앉은 안경을 쓰고 있다면 세상이 먼지가 가득한 곳으로 보일 것입니다.

어쩌면 수행이란, 마음이라는 안경을 닦는 일인지도 모르겠습니다. 정신분석에서는 무엇보다도 자각을 중시한다고 합니다. 환자들이 순간적으로 떠오른 생각을 솔직히 털어놓으면 정신과 의사는 환자의 일시적으로 끊어져 있는 생각들을 연결해 면밀히 검토합니다. 그러면 환자의 정신에 어떤 상흔이 있는지 찾을 수 있다고 합니다. 때로는 환자 스스로 상흔을 찾기도 합니다. 자신의 행동을 면밀히 검토해 이면의 동기가 무엇인지 알아가는 것이지요. 상흔을 바로 보았을 때 정신 질환을 치료할 수 있다는 사실은 시사하는 바가 큽니다.

만약 평화로운 삶을 살고 싶다면 먼저 마음의 상흔을 바로 봐야 합니다. 상처를 마음속에 단단히 가둬두려고 하면 응어리를 풀 수 없습니다. 상흔 자리를 살펴본 뒤에야 마음의 상처가 진주보석처럼 영롱하게 빛날 수 있습니다. 물론 그 과정에서 시린 아픔을 감내할 수밖에 없습니다. 하지만 추울수록 매화 향기가 그윽해지듯이, 뼈아픈 고통의 자리를 발견한 뒤에야 삶은 더욱 성숙할 수 있습니다.

화를
풀어주기

명상에 들어가기 전 2~3분 동안 선 자세로 상체에 힘을 빼고
목과 어깨 팔다리를 가볍게 흔들어줍니다.
옷을 털듯 온몸의 힘을 빼고 나서 자리에 앉습니다.

허리는 곧게 세우고, 가슴은 펴고, 혀는 입천장에 살짝 붙입니다.
그러고 나서 양손을 힘차게 쥐었다 풀었다 하기를
열 번 정도 반복합니다.

이제 천천히 숨을 쉽니다.
눈을 감고, 앉아 있는 몸 전체를 머리끝에서 발끝까지 느껴봅니다.
정수리, 머리카락, 이마, 눈, 코, 입, 목, 어깨, 가슴, 양팔, 아랫배,
허리, 골반, 양다리, 발가락을 순서대로 하나하나 상상하면서
그 부위들이 부드럽게 이완되는 것을 느낍니다.

온몸을 다 느껴보고 난 뒤 가슴 한가운데에 마음을 둡니다.
천천히 호흡을 하면서 가슴으로 신선한 공기가 들어왔다 나가는 것을
느껴봅니다.

자신이 잔잔한 물결 위에 앉아 있다고 생각합니다.
주위에 아무도 없이 나 홀로 고요히 있습니다.

호흡이 안정될수록 마음은 편안해지고 가슴이 뚫리는 기분이 느껴질
것입니다.
사이사이 잡념이 찾아오면 '가슴'이라고 되뇌면서
다시 가슴 한가운데로 마음을 모읍니다.

호흡이 다시 안정되면 수평선 너머 환한 해가 떠오르는 모습을
상상합니다.
어둠을 가르고 빛이 퍼져 나가는 순간, 그 따뜻한 햇살이 가슴으로
들어올 것입니다.

이제 몸에는 환한 햇살이 가득합니다.
마음의 어둡고 불쾌한 감정은 햇살에 눈 녹듯이
녹아서 사라졌습니다.

가족은 함께
자 란 다

누구나 내면에 다섯 살짜리 아이가 있습니다. 지금 고통을
받고 있다면 마음을 고요하게 하고 내면을 바라보세요.
어쩌면 그 아이가 웅크리고 울고 있을지도 모릅니다.
그 아이에게 다가가서 손을 내미세요. 아이의 손을 토닥이며
조용히 이야기를 들어주세요. 매일매일 그렇게 하다 보면
어느덧 그 아이는 당신 마음속에서 즐겁게 뛰어놀고 있을
거예요. 그러면 더 이상 고통스럽지 않을 거예요.

틱낫한 스님

과거 자신과의 화해. 이것을 명상이라고 할 수 있습니다. 그런데 화해에는 전제 조건이 있습니다. 바로 자비로운 마음입니다. 만약 자비심이 없다면 타인과의 화해는커녕 자신과의 화해조차도 할 수 없습니다. 자비심을 지니고 있다면 자신과는 물론이고 가족, 친구, 회사 동료 심지어 전혀 인연이 없는 사람과도 화해를 할 수 있습니다.

다시 제 이야기를 통해 말씀을 드리겠습니다.
청화 스님을 뵙고서 저는 마음속 응어리를 풀 수 있었습니다. 심연 깊숙이 침전되어 있던 앙금을 모두 털고 나니 몸이 날아갈 듯 가벼웠습니다. 이미 과거 자신과의 화해는 물론이고 아버지와의 화해도 끝마쳤기 때문입니다.
마음속의 화, 그 맹렬한 분노의 불꽃을 끄고 나니 살아 있다는 것 자체가 고맙게 느껴졌습니다. 그러자 부처님께 감사하는 마음, 부처님 가르침에 귀의하게 된 은혜에 감사하는 마음, 부모님께 감사하는 마음이 들었습니다. 하여 저는 그 마음을 이 세상에 어떻게 회향할지 고민하게 됐습니다. 간절히 원하면 꿈을 이룰 수 있다는 말이 허언은 아닌지, 저는 세상에 회향할 길을 찾을 수 있었습니다. 마곡사에서 포교국장을 맡아달라는 연락을 받은 것이지요.

부부와 가족을 대상으로 한 자비 명상 템플스테이를 진행하면서 저는 우리나라의 수많은 가정이 맞닥뜨린 위기가 무엇인지 실감할 수 있었습니다. 직장 생활과 살림에 쫓긴다는 이유로 자녀에게 애정 표현을 하지 않는 부모가 많았고, 대화 없는 가정환경 때문에 성격이 모난 자녀도 많았습니다. 부부 관계도 삭막하기는 마찬가지였습니다. 스스럼없이 사랑한다는 말 한 마디 건네지 못하는 부부가 많았던 것입니다.

자비 명상 템플스테이를 마치고 팔짱을 끼고 사찰을 내려가는 가족의 모습을 지켜볼 때면 저도 모르게 가슴이 환히 밝아지는 것을 느낄 수 있었습니다. 더 많은 가족들이 자비 명상을 배웠으면 하는 바람이 들 무렵 중앙대학교 관계자가 저를 찾아왔습니다. 그는 자비 명상을 학생들에게 가르치고 싶다며 제게 강의를 의뢰했습니다. 자비 명상을 대학생들에게 알릴 좋은 기회이니 제가 마다할 이유는 없었습니다.

저는 2003년 1학기부터 〈내 마음 바로 보기〉 수업을 중앙대학교에서 열었습니다. 첫 학기 수강생 150명으로 시작한 이 수업은 9년 뒤에 수강 인원이 열 배로 늘어 이제는 스님 다섯 분이 수업을 나눠서 진행할 정도가 되었습니다. 한편으로는 교재도 없고 노트에 강의 내용을 적을 필요도 없어서 학생들이 편안한 마음에 수업을 듣지 않았나 싶기도 하고, 또 한편으로는 학생들이 간절히 바라던 바를 〈내 마음 바로 보기〉 수업이 채워주지 않았나 싶기도 합니다.

저는 수업에 들어가기에 앞서 수업에 대한 대략적인 계획을 세워야 했습니다. 무엇보다도 저는 단순한 지식이 아닌 삶의 지혜를 가르치고 싶었습니다. 하여 주입식으로 교육할 필요가 없다고 생각했습니다. 학생들이 자신의 삶을 되돌아보게 하는 것, 그를 통해서 남도 자기와 다르지 않다는 것을 일깨워주기만 해도 수업은 성공한 것이라고 생각습니다.

제가 수업에서 강조하는 것 중 하나는 인생의 주인공은 자기 자신이라는 사실입니다. 대학생은 예비 직장인입니다. 오래지 않아서 우리나라의 미래를 책임져야 할 당사자들입니다. 그런 까닭에 학생들에게는 청정한 자아를 찾는 게 무엇보다도 시급합니다. 제가 수업 중에 임제 스님의 "머무르는 곳마다 주인이 되라. 지금 있는 그곳이 바로 진리의 세계이다."라는 말씀을 자주 하는 것도 이 때문입니다. 경봉 스님은 제자들에게 "이 세상을 무대로 한

바탕 멋지게 살라."고 말씀했습니다. 경봉 스님의 말씀은 우리는 모두 세상이라는 무대의 주인공이라는 사실을 일깨워주고 있습니다. 부처님도 "자기야말로 자신의 주인이고 자기야말로 자신의 의지할 곳이니 말 장수가 말을 다루듯 자신을 잘 다루라."고 강조한 바 있습니다. 이와 관련해 부처님 일화를 하나 볼까요.

와라나시 녹야원에서 최초 설법을 마치고 우루웰라를 향해 교화의 길을 떠난 부처님이 중간에 나무 아래 앉아 쉴 때였습니다. 부처님 앞으로 젊은이들이 몰려와 물었습니다.

"혹시 도망가는 여인을 보지 못했습니까?"

"그 여자를 어째서 찾으려고 하는가?"

"그 여자가 우리의 귀중품을 모두 훔쳐 달아났기 때문입니다."

"젊은이들, 달아난 여자를 찾는 일과 자기 자신을 찾는 일 가운데 어떤 것이 더 보람 있는 일인가?"

"물론 자기 자신을 찾는 일이죠."

부처님은 젊은이들을 자기 앞에 앉힌 뒤 괴로움이 어디서 오며 괴로움을 어떻게 극복해야 하는지 말씀했습니다.

학생들이 가족에 대해 긍정적으로 사고할 수 있게 하는 것도 제가 수업에서 중점을 두는 일입니다. 저는 수업에서 학생들에게 『부모은중경』의 구절을 곧잘 들려줍니다. 예를 들면 이런 내용입니다.

"어머니의 은혜는 다음 열 가지로 나누어 들 수 있다. 첫째, 아이를 잉태하여 열 달 동안 온 정성을 기울여 보호해준 은혜. 둘째, 낳을 때 고통을 감내한 은혜. 셋째, 자식을 낳고 모든 근심을 잊는 은혜. 넷째, 입에 쓴 음식은 삼키고 단 음식은 먹여주는 은혜. 다섯째, 마른자리 골라 아이 눕히고 자신은 젖은 자리에 눕는 은혜. 여섯째, 때맞추어 젖을 먹여 길러준 은혜. 일곱째, 똥오줌 가려 더러운 것을 빨아주는 은혜. 여덟째, 자식이 먼 길을 떠나면 생각하고 염려하는 은혜. 아홉째, 자식을 위해 나쁜 일을 하는 은혜. 열째, 늙어 죽을 때까지 자식을 사랑해준 은혜."

〈내 마음 바로 보기〉 수업을 하면서 저는 사회의 근간인 가족이 무너지고 있다는 사실을 실감할 수 있었습니다. 사춘기 이후 부모님과 대화가 단절된 학생이 무척이나 많았습니다. 하여 저는 학생들에게 부모님의 사랑에 감사하는 내용의 편지를 보내게 했습니다. 편지 내용은 가지각색이었습니다. 아버지에게 "카리스마가 느껴진다."라고 쓰는 학생도 있었고, 어머니에게 "아버지와 연애할 때의 감수성을 지니고 있다."라고 쓰는 학생도 있었습니다.

학생들의 편지 내용을 보고서 저는 세상은 마음가짐에 따라 달리 보임을 또 한 번 확인할 수 있었습니다. 아버지에게서 카리스마가 느껴진다고 쓴 학생의 예를 봅시다. 만약 그 학생이 부정적인 시각에서 아버지를 봤다면 평가는 달라졌을 것입니다. 권위적이라느니, 가부장적이라느니, 마초라느니 하는 말로 아버지를 비난했을 테니까요.

저는 부모님에게 편지를 보내는 것으로 끝내지 않았습니다. 학생들에게 부모님의 답장을 받아오라고 했으니까요. 단, 이번에도 마찬가지로 부모가 자녀를 칭찬하는 내용이어야 한다는 단서를 달았습니다. 학부형들이 보내온 답장은 자녀에 대한 사랑으로 가득 차 있었습니다. 많은 학생과 학부형이 서로 편지를 주고받으면서 그간 마음속에만 두었던 말을 건넬 수 있었다고 했습니다.

이런 모습을 보면서 저는 부모님에게 죄송한 마음이 들었습니다. 저도 기회가 된다면 부모님 은혜를 갚고 싶었습니다. 자비명상 템플스테이 지도와 〈내 마음 바로 보기〉 수업 이후 이런저런 강연 요청이 잇따랐던 터라 부처님께 감사하는 마음, 부처님 가르침에 귀의하게 된 은혜에 감사하는 마음은 어느 정도 갚을 수 있었습니다. 하지만 부모님께 감사하는 마음만큼은 갚을 길이 막연했습니다. 하여 저는 부모님 은혜에 보답할 길을 찾아야 했습니다. 그 길은 부처님 가르침에 입각해 온 가족이 화해를 도모하는 시간을 갖는 것이었습니다. 당시 저는 속으로 이렇게 되뇌었습니다.

'부처님께서는 보리수 아래서 깨달은 후 수행 공동체를 꾸리셨다. 그 수행 공동체에는 부처님의 아내인 야소다라도, 부처님의 아들인 라훌라도, 부처님의 유모 역할을 한 이모인 마하파자파티도, 사촌동생인 아난다도 포함됐다. 부처님 일화에서 알 수 있듯 수행의 목적은 개인의 깨달음에만 국한된 게 아니다.'

그러던 중 출가 후 20여 년 만에 처음으로 고향 집을 찾는 일이 생겼습니다. 어머니가 편찮으시다는 소식을 듣고 가만있을 수 없었습니다. 고향 집으로 가는 차에 앉으니 무소의 뿔처럼 혼자서 가야 하는 출가자임에도 불구하고 저도 모르게 하염없이 눈물이 나더군요. 오랜 세월 홀로 계신 어머니에게 무심하게 연락조차 못 드렸다는 자책감 때문이었습니다.

고향 집에 도착해 보니 어머니는 기척도 못 할 만큼 아픈 상태로 누워 계셨습니다. 감을 따다가 나무에서 떨어져 뼈에 금이 간 거라 하셨습니다. 그런데도 어머니는 저를 보자 반가워하시면서 아픈 몸을 이끌고 부엌으로 향하셨습니다. 제게 밥을 지어주시기 위해서였습니다. 어머니가 차려주신 밥상을 받고 나니 사래라도 걸린 양 목이 잠기더군요. 더운 밥 위로 피어오르는 김을 보고서 이 세상에서 가장 따뜻한 것은 어머니의 정이라는 사실을 느꼈습니다. 그래서 저는 속으로 다짐했습니다. 언젠가 제가 절 살림을 맡게 되면 어머니를 모셔 와 따뜻한 밥 한 그릇 지어 드려야겠다고.

오래지 않아서 저는 천안의 한 절에서 주지를 맡게 됐습니다. 가람을 정비한 뒤 어머니를 한 달가량 모시면서 공양을 올렸습니다. 제가 차린 밥을 드시는 어머니를 뵐 때마다 눈물겹도록 행복했습니다.

그리고 두 해가 지나서 형제들로부터 전화가 왔습니다. 전화기를 통해 저는 아버지가 50년 만에 고향으로 돌아오셨다는 이야기를 들을 수 있었습니다. 하지만 오랜 세월 동안 집을 돌보지 않은 아버지를 가족들이 선뜻 받아줄 리 없었습니다. 가족들이 고향 집에 들어와 사시는 것을 반대해 아버지는 친척 집에 머물고 계시다고 했습니다.

아버지 소식을 듣고 나니 급체를 한 듯 가슴이 답답했습니다. 청화 스님을 뵙고서 마음속으로는 아버지와 화해를 했다고는 하나, 정작 늙으신 아버지가 고향 마을을 헤매고 있다는 이야기를 들으니 만감이 교차했습니다.

아버지는 제 존재를 있게 한 생명의 뿌리이기도 했지만, 처음으로 버림받았다는 서러움을 안겨준 곤곤한 슬픔의 뿌리이기도 했습니다. 생각 끝에 저는 직접 아버지를 만나야겠다고 마음을 정했습니다. 아버지를 만나서 제 가슴에 남아 있는 모든 앙금을 깨끗하게 씻고 싶었던 것이지요. 저는 형제들에게 아버지를 모시

겠노라고 말했습니다. 형제들의 말을 듣고서 아버지는 제가 있는 절로 찾아오셨습니다. 아버지는 저를 보자 고개를 떨어뜨릴 뿐 선뜻 입을 열지 못했습니다. 이윽고 아버지는 제 앞에 무릎을 꿇더니 어렵게 말문을 열었습니다.

"스님, 실로 면목이 없습니다."
30여년 만에 만난 막내에게 꺼낸 아버지의 첫 마디였습니다.
저는 얼른 아버지를 일으켜 세운 뒤 손목을 붙잡았습니다. 그렇게 우리 부자는 화해를 했습니다. 아버지의 손목을 이끌고 제 방으로 향하는 내내 제 가슴속에서는 환한 빛 한 줄기가 쏟아져 내렸습니다. 언 실개천을 녹이는 따사로운 햇빛이었습니다.
그 일이 있은 후 오래지 않아서 저는 식구들에게 차례로 전화를 돌렸습니다. 고흥 고향 집에 계시는 어머니, 서울에 사는 형님과 누님, 광주에 사는 누님 등 가족 모두에게 절로 와달라고 부탁했습니다. 가족 치유 법회를 열기 위해서였습니다. 마곡사에서 템플스테이를 지도하면서 자비 명상으로 여러 가족의 상흔을 치유하면서 저는 내심 '중이 제 머리 못 깎는다'라는 말을 떠올리곤 했습니다. 제 가족의 상흔은 그대로 남아 있었기 때문입니다.
그렇게 50년 만에 온 가족이 모였습니다. 먼저 둥글게 앉은 가족 앞으로 아버지를 모셨습니다. 그리고 가족들이 번갈아가면서 아버지가 부재한 가운데 견딘 50년 세월에 대해 털어놨습니다. 이야기는 무심했던 아버지를 원망하는 내용이 주를 이뤘습니다. 형제들은 목이 잠겨서 말을 잇지 못하거나 이야기를 다 끝내지 못하고 흐느끼기 일쑤였습니다. 그만큼 형제들의 가슴에는 대못만큼이나 아픈 게 박혀 있었던 것입니다. 말하는 사람도 듣는 사람도 눈가가 축축하게 젖기는 마찬가지였습니다. 아버지는 자신이 떠난 뒤 남겨진 가족이 얼마나 어렵게 살아왔는지를 들으며 머리를 숙였습니다. 자식들의 볼멘소리를 다 듣고 나서 아버지는 떨리는 목소리로 입을 뗐습니다.

"그저 미안하다."

저는 아버지에게 식구들을 향해 절을 세 번 올리라고 했습니다. 아버지는 제 말을 따라주었습니다. 그렇게 제 가족은 그간의 아픔을 씻고 더불어 살 수 있게 됐습니다. 그날 법회 후 어머니와 형제들이 다시 아버지를 가족 구성원으로 받아들이게 된 것입니다.

1년 뒤 저는 고향 마을 인근에 있는 제석사라는 절로 다시금 가족을 불렀습니다. 이번에는 제 직계가족뿐 아니라 친척들까지 참석해줄 것을 부탁했습니다. 친척들에게는 조상 천도재(죽은 이의 영혼에게 부처님 가르침을 전하여 밝은 길로 이끌기 위해 치르는 재)를 지낼 계획이라고 밝혔습니다만, 천도재를 지낸다는 것은 명분일 뿐 실제로는 가족 간의 화합을 도모하기 위한 자리였습니다. 50년 동안 아버지가 집을 비웠으니 친척들과의 관계도 제대로 돌려놓을 필요가 있었던 것입니다.

여담이지만 그날 어머니는 제게 넌지시 돈 봉투를 건넸습니다. 일종의 유산인 셈인데, 저는 어머니에게 동의를 구해 그 돈을 제석사에 시주했습니다. 어머니에게 복을 짓는 기회를 드리고 싶었기 때문입니다.

그렇게 제 가족은 물론이고 친척까지도 원통한 마음을 풀고 홀가분해질 수 있었습니다. 그 과정에서 저도 "어떤 사람이 왼쪽 어깨에 아버지를, 오른쪽 어깨에 어머니를 메고 히말라야를 백 번 천 번 돌아 살갗이 터지고 뼈가 부서진다 할지라도 부모의 은혜에는 미칠 수 없다. 어떤 사람이 부모를 위해 1백 자루의 칼로 자기 몸을 찌르며 1천 겁(劫)을 지낸다 할지라도 부모의 은혜에는 미칠 수 없다. 또 부모를 위해 불에 사르기를 억만 겁 할지라도 부모의 깊은 은혜에는 미칠 수 없다."라는 『부모은중경』의 구절을 가슴 깊은 곳에 담아 둘 수 있었습니다. 돌이켜 보면, 부모님과의 화해를 통해서 가장 큰 복을 받은 이는 바로 저입니다.

가족치료의 선구자로 불리는 버지니아 사티어는 "살아남기 위해선 하루에 네 번의 포옹이, 계속 살아가기 위해선 하루에 여덟 번의 포옹이, 그리고 성장을 위해서는 하루에 열두 번의 포옹이 필요하다."라고 말했습니다.

포옹은 단순한 신체 접촉이 아닙니다. 한 사람의 인성에 지대한 영향을 끼치는 행동입니다. 그래서 포옹을 '허그 테라피(hug therapy)'라고 부르기도 합니다. 포옹에는 그만큼 치유의 힘이 깃들어 있는 것입니다. 이를 증명이라도 하듯, 어린아이를 어머니 배 위에 올려놓고 포근히 안아주면 발달이 촉진된다는 연구 결과도 있습니다.

'콩 심은 데 콩 나고 팥 심은 데 팥이 난다'는 속담도 같은 맥락에서 해석이 가능합니다. 하다못해 말 한 마디도 그냥 사라지지 않습니다. 좋은 말은 듣는 이의 가슴에 기쁨의 꽃을 피우지만, 나쁜 말은 듣는 이의 가슴에 화의 불씨를 피우게 됩니다.

가족은 사람이 드는 최초의 모임으로, 이 울타리 안에서 한 사람의 기본이 만들어집니다. 그런 까닭에 가족의 중요성은 아무리 강조해도 지나치지 않습니다. 만약 자신의 아이가 누군가를 따뜻하게 끌어안을 수 있는 사람이 되길 바란다면, 아이를 자주 포옹해주세요. 그리고 아이가 힘들어하면 따뜻한 위로의 말을 건네세요. 아이가 기뻐하면 함께 환하게 웃어주세요. 사소한 일에도 칭찬을 아끼지 말아주세요.

함께 산다는 일은 얼마나 고귀한가요. 최인호 작가가 『산중일기』에서 가족에 대해 쓴 글을 보면서 잠시 생각에 빠져봅니다.

"밖에서 존경을 받는 사람이라 할지라도 가족으로부터 존경을 받는 사람은 드물다. 밖에서 인정을 받는 사람이라 할지라도 자기 아내로부터 인정을 받는 사람은 드물다.

서로 모르는 타인끼리 만나서 아이를 낳고, 그 아이들과 더불어 온전한 인격 속에서 한 점의 거짓도 없이 서로서로의 약속을 신성(神聖)하게 받아들이고, 손과 발이 닳을 때까지 노동으로 밥을 빌어먹으면서 서로를 사랑하고 아끼면서 살다가, 마치 하나의 낡은 의복이 불에 타 사라지듯이 감사하는 생활 속에서 생을 마감할 수 있는 가족이라면, 그들은 이미 가족이 아니라 하나의 성인(聖人)인 것이다. 그렇게 보면 우리가 살고 있는 가정이야말로 하나의 엄격한 수도원인 셈이다. 그 가정에서 살고 있는 가족들은 이미 종신서약을 약속한 수도자들인 것이다. 가족이라는 수도원에서 우리는 일상을 공유하며 사랑을 수양하고 있다."

최인호 작가의 말대로 가정이 수도원이라면, 우리가 가정에서 가장 먼저 실천해야 될 일은 사랑을 기르는 것이겠지요.

자비심
기르기

조용한 곳에 편안하게 앉습니다.
숨을 깊이 들이쉬고 내쉬면서 몸과 마음을 편안하게 풉니다.
사랑과 자비로 가득 찬 자신의 모습을 떠올려봅니다.
입가엔 미소를, 가슴엔 평화를 담고서 이렇게 말합니다.

"나는 하나밖에 없는 귀한 존재입니다.
나에게 자비의 마음을 보냅니다.
내가 욕심에서 벗어나기를,
내가 화에서 벗어나기를,
내가 어리석음에서 벗어나기를.
내가 근심과 고통에서 벗어나 진정으로 행복하길 바랍니다."

자비심이 몸과 마음에 스며들도록 계속해서 반복합니다.
자신이 예전보다 더 큰 사랑과 자비심으로 채워졌다고 느껴지면,
스승, 가족, 친구, 이웃, 당신이 아는 모든 사람, 살아 있는 모든 존재에
이르기까지 자비심을 넓혀나갑니다.

가까운 사람부터 한 사람씩 사랑으로 가득 찬 모습을 떠올립니다.

부드럽게 호흡하며 자비심을 보냅니다.

"당신은 이 세상에서 무엇과도 바꿀 수 없는
단 하나뿐인 귀한 분입니다.
당신이 욕심과 화와 어리석음에서 벗어나 행복하길.
당신도 나와 똑같이 슬픔과 외로움과 절망을 겪어 알고 있습니다.
당신도 나와 똑같이 인생을 배워나가고 있습니다.
당신이 근심과 고통에서 벗어나 진정으로 행복하길 바랍니다."

마지막으로 살아 있는 모든 존재에게 자비심을 보냅니다.

"내가 자유롭길 바라는 것처럼 모든 존재가 자유롭길 바랍니다.
내가 평온하길 바라는 것처럼 모든 존재가 평온하길 바랍니다.
내가 행복하길 바라는 것처럼 모든 존재가 행복하길 바랍니다.
나는 다른 존재들이 보내오는 자비심을 받아들입니다.
나와 존재하는 모든 존재가 다 함께 행복하길 바랍니다."

자비 명상은 언제 어디서나 할 수 있습니다.

자비 명상을 하면 마음이 편해집니다.
편해진 마음으로 생활하면 인간관계가 좋아지고
가족이 행복해지고 하는 일이 잘 풀립니다.
그것이 바로 자비의 힘입니다.
자비의 힘은 마음을 평화롭게 하고, 너와 나를 하나로 만들고,
세상을 아름답게 합니다.

미타쿠예 오야신

보살은 이웃들이 온갖 고통 속에서 괴로워하는 것을 보면
자비로운 마음을 일으켜 이렇게 다짐한다.
"나는 온 세상의 이웃들과 같이 지내면서 그들의 덕을
충만케 하고, 어떠한 경우라도 그들을 버려두고 모른 체하지
않으리라."
보살은 자비로운 마음으로 모든 이웃을 구제하면서도 그 일에
물들지 않는다. 세상에서 초월해 있으면서도 세상을 따르고
있다. 이것이 보살의 집착 없는 행동이다.

『화엄경』「십행품」에서

"사랑받지 못하는 것은 자기가 자기 자신을 사랑하고 있지 않기 때문입니다. 사랑받고 싶다면 자기 자신을 사랑해야 합니다."

제가 방송을 진행하면서 곧잘 하는 말입니다. 자기 자신을 사랑하는 사람은 타인을 사랑할 줄도 압니다. 반대로 사랑에 서툰 사람들을 보면 어릴 적에 사랑을 제대로 받지 못해 자기 자신을 사랑하지 못하는 사람이 많습니다. 받은 사랑이 있으면 사랑할 줄 알지만 받은 사랑이 없으면 사랑할 줄 모르는 거지요. 이렇게 보니 사랑은 꼭 바이러스 같습니다. 다만 행복한 바이러스지요.

폭력도 사랑처럼 전염성을 지니고 있습니다. 아버지에게 맞고 자란 아이일수록 커서 타인에게 폭력을 행사하기 쉽습니다. 흥미로운 것은 맞고 자란 아이는 줄곧 아버지를 미워한다는 사실입니다. 커가면서 그토록 미워했던 아버지의 모습을 그대로 닮아가는 것이지요. 이를 가리켜 심리학에서는 '공격자와의 동일시' 라고 합니다. 시집살이를 심하게 한 며느리가 늙어서 자신이 당했던 그대로 며느리를 구박하는 게 '공격자와의 동일시'의 대표적인 사례라고 할 수 있습니다.

그렇다면 왜 폭력의 악순환은 계속되는 것일까요? 이유는 간단합니다. 자신을 공격자와 동일시하게 되면 공포의 대상이 사라지기 때문입니다.

인간에게 가장 두려운 것은 아마도 죽음일 것입니다. 저도 죽음의 공포에 휩싸여 아무것도 못했던 적이 있습니다. 1996년에 도반 셋과 함께 성지순례를 떠났을 때의 일입니다. 인도 다람살라에서 다음 행선지를 놓고 말다툼을 벌이다가 저 홀로 순례 길을 잡았습니다. 그런데 열병이 나서 게스트하우스에서 옴짝달싹 못하게 됐습니다. 1주일 동안 저는 식물인간처럼 누워 있어야 했습니다. 1주일 내내 아팠던 것은 아닙니다. 그럭저럭 몸이 좋아졌는데도 정체 모를 두려움 때문에 바깥에 나갈 엄두를 내지 못했습니다. 게스트하우스 주인이 가져다주는 음식조차 입에 못 댈 정도로 제 두려움은 극에 달했습니다.

아마 제 공포는 낯선 공간에 몸져누워 있다는 데서 비롯된 것이 아닌가 싶습니다. 흔히 사람들은 한 번도 경험하지 못한 낯선 공간에 대해 두 가지 상반된 감정을 느낍니다. 하나는 막연한 동경이고, 다른 하나는 두려움입니다. 죽음에 대해 우리가 마음속에 품고 있는 생각도 이와 다르지 않을 것입니다.

당시 저는 처음으로 죽음에 대해 숙고했습니다. 나는 누구인가? 그리고 내 두려움의 정체는 무엇인가? 이런 질문들이 머릿속에서 떠나질 않았습니다. 하지만 이런 삶의 궁극적인 질문에 대해 저는 선뜻 답을 내릴 수 없었습니다. 그때 제 시야에 보인 것이 바로 도마뱀입니다. 천장에 붙은 도마뱀들이 자유롭게 이리저리 뛰어다니는 게 보였던 것이지요. 불현듯 묵직한 망치로 머리를 맞은 것 같은 충격에 휩싸였습니다.

저는 속으로 생각했습니다. '내가 도마뱀과 다를 바가 무엇인가? 꼬리가 잡히면 얼른 꼬리를 끊고 달아나는 도마뱀처럼 나도 생존 앞에서 어쩔 줄 모르는 미물에 지나지 않았구나. 아니, 나는 외려 도마뱀만도 못한 존재이다. 적어도 도마뱀들은 자유롭게 뛰어다니고 있지 않은가!'

그 순간 저는 깨달았습니다. 제 마음을 옥죄고 있는 정체가 바로 죽음에 대한 공포라는 사실을. 그것을 깨닫고 나니 '한때는 죽겠다고 자살까지 시도한 놈이 지금은 죽음이 두려워서 벌벌 떨고 있나.'라는 생각에 헛웃음이 나더군요. 출가해서 머리를 깎고 스님 옷을 입었다는 데 안도해서 앞으로 나아가고 있지 않음을 깨닫고 부끄러운 마음을 피할 수 없었습니다.

저는 다시 속으로 읊조렸습니다. '출가 수행자라면 모름지기 삶과 죽음이 다르지 않음을 깨달아야 한다. 삭발하고 스님 옷만

걸쳤다고 수행자가 아니다. 나를 버리자. 이 세상에 애초 내 것은 없다. 따라서 나라고 할 것도 없다. 나, 그리고 내 것이라는 모든 허위의식을 버려야 비로소 본질적 자아를 얻을 수 있다.' 그런 생각이 들자 마음이 한결 가벼워지더군요. 하여 저는 자리를 박차고 방 밖으로 나갔습니다.

밝게 내리쬐는 햇살에 눈이 부셔 잠시 눈을 감아야 했습니다. 눈을 떴을 땐 세상이 얼마나 아름다운지 새삼 실감할 수 있었습니다. 멀리 녹음이 짙은 산에서 불어오는 상쾌한 공기가 코로 들어와서는 폐부 깊숙이 전달되는 게 느껴졌습니다. 그때 게스트하우스 여주인이 해맑게 웃으면서 인사말을 건넸습니다.

"헬로(Hello)."

그 말을 듣는 순간 살아 있다는 것이 얼마나 큰 축복인지 알았습니다. 그리고 삶이란 바다 한가운데 떠 있는 작은 섬처럼 외따로이 떨어져 있는 것이 아님을 깨닫게 됐습니다. 나로 인해 남이 존재하고 남으로 인해 내가 존재한다는 너무도 당연한 진리를 깨달았던 것이지요.

그날 이후 저는 인도 성지순례 내내 만나는 이에게 먼저 "하이(Hi)."라고 인사를 건넸습니다. 제가 웃으면서 인사를 하니 그들도 반갑게 답례를 했지요. 사람들은 대부분 낯선 사람을 보면 겸연쩍어서 선뜻 인사를 건네지 못합니다. 마음의 벽에 갇혀 있기 때문입니다. 그 마음의 벽을 허물면 사람들은 누구나 남녀노소를 막론하고 친구가 될 수 있습니다. 인도 성지순례 내내 저는 사람들에게 웃음을 건네는 것을 잊지 않았고, 한국으로 돌아온 뒤에도 그 버릇은 제 몸을 떠나지 않았습니다.

인사를 건넬 때마다 저는 어느 누구도 가벼이 여기지 않고 모든 사람을 부처님으로 받들어 모신 상불경보살을 떠올립니다. 인사를 받는 사람 안에 있는 부처님 씨앗이 제 인사를 받고 싹이 트길 기도합니다. 제 인사가 모든 사람을 부처님으로 기르는 비가 되어 내리길 기원합니다.

웃음은 웃음을 부릅니다. 반면 슬픔은 슬픔을 부릅니다. 화가 많은 이는 타인을 화나게 하고, 흥이 많은 이는 타인을 흥이 나게 합니다. 이 세상에 외따로이 존재하는 것은 아무것도 없습니다. 감정도 누군가와의 교감을 통해서 만들어집니다.

사람은 혼자 살아갈 수 없습니다. 그래서 인간을 사회적 동물이라고 합니다. 사람은 살아가면서 가족, 학교, 동아리, 군대, 회사 등 수많은 집단에 소속됩니다. 그리고 한 사람의 존재를 증명해줄 수 있는 것도 그 사람과 관계된 집단입니다.

무인도에 살거나 대인기피증에 걸린 이가 아니라면 사람은 누구나 더불어 살아갈 수밖에 없습니다. 제가 자비 명상을 지도

하면서 되도록 대화를 유도하는 것도 같은 이유입니다. 하다못해 두 시간짜리 강연에서도 관객이 대화할 수 있는 자리를 마련하려고 애를 씁니다. 이를테면 옆자리에 앉은 사람과 짝을 이뤄서 이야기를 나누도록 이끕니다. 관객들은 처음엔 어색해서 어쩔 줄 몰라 합니다. 하지만 시간이 흐를수록 사람들은 서로 살갑게 대합니다. 사실 그 친밀감은 동시대를 살고 있다는 데서 오는 유대감에 지나지 않을 것입니다. 그럼에도 마치 오래 전부터 알고 지낸 친구라도 되는 양 대할 수 있는 것은 마음의 장벽을 거두기 때문입니다.

서로가 친밀감을 느낄 수 있도록 저는 템플스테이나 수업을 진행할 때 몇 가지 방법을 씁니다. 먼저 서로의 장점을 칭찬하도록 합니다. 처음 보는 사이에서는 대개 외모에 관한 칭찬이 많은데, 칭찬을 들은 이는 대번에 얼굴이 환해집니다. 칭찬을 주고받으면서 사람들은 굳게 닫혔던 마음을 열기 시작합니다.

이어서 서로 앞으로 하고 싶은 것을 말하게 합니다. 이번에는 사람들이 한결 편하게 이야기를 주고받습니다. 마지막에는 서로에게 "당신은 세상에 하나밖에 없는 소중한 사람입니다."라고 말하게 합니다.

제가 이런 방법을 쓰는 이유는 '사랑하는 법'을 가르치기 위해서입니다. 그렇다고 모든 대화가 사랑하는 법을 일깨워주는 것은 아닙니다. 이야기를 나눌 때 하지 말아야 할 말이 있습니다. 명령하거나 지시하는 말, 경고하거나 협박하는 말, 설교하는 말은 되도록 삼가야 합니다. 이런 말을 내뱉는 건 권위적인 화법이어서 듣는 이에게 반감을 사기 쉽습니다. 권위적인 화법을 쓰는 사람들은 인간관계를 수직 관계로 보기 때문에 건강한 토론을 할 수 없습니다.

무조건 상대방을 비난하거나, 역으로 무조건 상대방을 칭찬하는 화법도 삼가야 합니다. 전자는 듣는 이의 열등감을 자극하고, 후자는 듣는 이의 자만심을 키우기 때문입니다. 하던 이야기에서 벗어나 관심을 다른 쪽으로 돌리려는 시도도 삼가야 합니다. 이는 일종의 회피로, 대화 상대를 인정하지 않는 것입니다.

사전을 찾아보면 대화는 '마주 보고' 이야기한다는 뜻입니다. 대화의 시작은 상대를 마주 보는 것입니다. 여기서 중요한 것은 절대로 상대를 위에서 내려다보거나 밑에서 올려다보지 않는 것입니다. 상대를 자신과 같은 눈높이에서 바라볼 때 더욱 진솔한 대화가 가능합니다.

부처님은 태어나자마자 "이 세상의 하늘 아래 땅 위에 나 홀로 존귀하다."라고 말했습니다. 물론 태어나자마자 말을 할 수 있는 사람은 없습니다. 아마도 은유적인 표현이겠지요. 부처님이 이 세상에 태어나서 처음 한 말은 언뜻 들으면 대단히 오만하게 느껴집니다. 하지만 이 문장에서 '나'가 이 세상의 모든 존재를 가리킨다면 어떨까요? 이렇게 보면 부처님의 첫마디는 이 세상의 모든 존재는 존귀하다는 뜻입니다. 바로 이것이 부처님 첫마디에 담겨 있는 참뜻입니다.

자신이 존귀하듯이 남도 소중한 존재라는 사실을 깨닫는 게 삶에서 추구해야 하는 참된 가치입니다. 그렇다고 너무 부담을 가질 필요는 없습니다. 자신을 진정으로 사랑할 줄 아는 사람이라면 누구에게나 사랑을 베풀 수 있으니까요.

〈내 마음 바로 보기〉 첫 수업에서 저는 학생들을 두 명씩 짝지어줍니다. 그리고 상대방의 눈을 쳐다보면서 자기 마음속에서 일어나는 감정을 느껴보라고 합니다. 이어서 상대방의 손을 잡으라고 합니다. 둘의 관계를 이어주기 위해서입니다. 학생들이 손을 잡으면 저는 이렇게 말합니다.

"내 손을 잡고 있는 이 사람도 살면서 나와 똑같이 외로움과 고통과 절망을 겪고 있다. 이 사람이 고통에서 벗어나기를, 내 손을 잡고 있는 이 사람의 마음이 평온하기를, 행복하기를, 진정으로 행복하기를."

이윽고 저는 학생들이 네 명씩 한 조를 이루게 합니다. 네 명씩 조를 이룬 학생들은 서로에게 칭찬을 보냅니다. 열여섯 명으로, 서른두 명으로 조 인원이 점차 늘어갑니다. 인원이 늘어감에 따라 학생들이 손을 잡고 만든 원도 커질 수밖에 없습니다. 이 과정 속에서 학생들은 세상이 하나의 끈으로 연결돼 있다는 사실을 깨닫게 됩니다. 맞잡은 손과 손이 이어져 하나의 원을 이루듯이 말입니다.

인디언 말 중에 '미타쿠예 오야신'이 있습니다. '우리는 모두 연결돼 있다'는 뜻입니다. 인디언은 나무와 바람, 햇살마저도 신성시했다고 합니다. 그 이유는 세상의 모든 게 자신과 연결되어 있기 때문입니다. 우주의 모든 것이 서로 돕는다는 것을 알았기에 인디언은 자연을 소중히 여겼습니다.

음식을 잘하는 사람에게 가장 필요한 것은 훌륭한 조리도구가 아니라 음식을 맛있게 먹어줄 사람이라고 합니다. 어떤 일이든 함께 해줄 사람이 있어야 행복하고 즐겁습니다. 네가 있기에 내가 있을 수 있다는 사실을 명심해야 합니다.

자비의 마음은 저절로 생기는 것이 아닙니다. 자비는 잠깐 일어났다 사라지는 동정심이 아닙니다. 자비는 치열하고도 끊임없는 수행을 통해서 마음 깊은 곳에서 뜨겁게 솟아오르는 가장 아름답고 숭고한 사랑입니다.

인디언 말 중에 '미타쿠예 오야신'이 있습니다.
'우리는 모두 연결돼 있다'는 뜻입니다.
인디언은 나무와 바람, 햇살마저도 신성시했다고 합니다.
그 이유는 세상의 모든 게 자신과 연결되어 있기 때문입니다.

모두를 위한 기도

모든 생명 있는 존재가 안락하고 행복하며, 괴로움과 재난에서 벗어나기를 기원합니다.
모든 이가 하고자 하는 일과 하는 일이 모두 이뤄지길 기원합니다.

모든 생명 있는 존재가 해악과 미워하는 마음, 근심과 슬픔에서 벗어나기를 기원합니다.
모든 이가 진정한 행복과 마음의 평온을 즐기기를 기원합니다.

모든 생명 있는 존재가 분노와 기만, 남을 해치려는 마음에서 벗어나, 남에게 해를 끼치는 일에는 티끌만큼도 마음을 기울이지 않기를 기원합니다.
모든 이가 순수한 마음을 지니고 자애와 선행에 마음 기울이기를 기원합니다.

모든 생명 있는 존재가 남을 속이는 일과 야비한 마음을 삼가기를 기원합니다.
모든 이가 진실되고 유익하며 의미 있고 사랑스러우며 자애로움을 표현하는 듣기 좋은 말을 하기를 기원합니다.

남을 헐뜯는 말, 거친 말, 위협하는 말, 화나게 하는 말, 빈 말,
쓸모없는 말을 하는 것을 삼가기를 기원합니다.

모든 생명 있는 존재가 남의 것을 빼앗는 일, 남의 행복을
파괴하는 일, 잘못된 생각을 품는 일을 삼가기를 기원합니다.
모든 이가 잘못된 생각, 탐욕, 성내는 일에서 벗어나 모두 함께
평화롭기를 기원합니다.

모든 생명 있는 존재가 풍요로우면서도 남에게 베푸는 일에
솔선수범하고 행동을 올바르게 다스리기를 기원합니다.
모든 이가 마음집중[定]과 지혜[慧]를 닦아 마음이 평화롭고
심신이 건강하며 행복하기를 기원합니다.

모든 기원이 성취되기를 간절히 발원합니다.

화해, 진정으로 나를 사랑하는 길

인간이란 존재는 여인숙이다.
매일 아침 새로운 손님이 든다.

기쁨, 절망, 옹졸함
스치는 작은 깨달음까지
예고 없이 찾아든다.

그 모두를 맞아들여 대접하라.
설령 그들이 슬픔의 무리여서
그대의 집을 거칠게 휩쓸고
가구를 몽땅 내가더라도

꿋꿋이 한 분 한 분 손님을 모셔라.
그들은 그대를 비우는지도 모른다,
낯모를 새로운 기쁨이 빈 자리에 들도록.

어두운 생각, 부끄러움, 악의.
문 앞에서 그들을 보거들랑
미소 지으며 안으로 맞아들여라.

누가 들어오든 감사히 여겨라.
모든 손님은 저 멀리에서 보낸
안내자들이니까.

루미, 「여인숙」

자비 명상 과정 중 일명 청문회라고 불리는 교육이 있습니다. 청문회 교육은 참가자들이 서로 궁금한 것들을 묻고 답하는 시간입니다. 어느 청문회 과정에서 한 30대 후반 여성이 가장 슬펐던 일이 무엇이냐는 질문을 받았습니다.

"아버지가 제가 소개한 불교 요양원에서 돌아가셨습니다. 아버지가 숨을 몰아쉬고 있는데도 담당 간호사는 자기 용무를 보느라 일찌감치 퇴근했다고 합니다. 결국 아버지는 급성폐렴으로 돌아가셨습니다. 만약 간호사가 자리를 지켰다면 아버지가 돌아가시지 않았을 수도 있는데…… 제 불찰로 아버지가 돌아가신 것만 같아서…… 죄책감에 말도 못하고 한 달 동안 울었습니다. 아버지를 떠올리면 그리움과 함께 죄책감이……."

이 여성은 끝내 말을 잇지 못했습니다. 저는 숨죽여 우는 이 여성의 마음속 앙금을 씻어줘야겠다는 생각이 들었습니다. 그래서 수강생 중 가장 나이 많은 남성을 불러내 이 여성에게 등을 보이고 서 있으라 하고는 여성에게 이렇게 말했습니다.

"뒤돌아 서 있는 분을 돌아가신 아버지라 여기고 그간 마음속에만 간직했던 말을 해보세요."

울음을 멈춘 뒤 여성이 천천히 입을 뗐습니다.

"아버지, 사랑해요. 우리, 다음 세상에서도 부녀지간으로 만나요."

남성이 뒤돌아선 채 말했습니다. 그 순간만큼은 아버지가 되어야 했습니다.

"예쁘고 착한 딸. 나는 네가 늘 자랑스럽다. 울지 마라. 내가 죽은 건 네 잘못 때문이 아니야. 내 죽음을 네가 이토록 마음 아파하니 마음이 편치 않구나. 아빠의 죽음에 연연할 것 없어."

다시 여성이 말했습니다.

"아버지, 좋은 세상에 가서 행복하게 잘 살아요."

이번에는 다른 여성을 불러내 이 여성의 옆에 서게 했습니다. 복지 시설에서 근무한 간호사 역할을 할 사람이 필요했기 때문입니다. 여성에게 이렇게 말했습니다.

"저 보살님을 아픈 아버지를 방치한 간호사라고 생각하세요. 그리고 속에 담아뒀던 말이 있으면 괘념치 말고 쏟아내세요."

여성이 입을 뗐습니다.

"김 간호사, 적어도 복지 시설에서 일하는 사람이라면 일말의 책임감을 갖고 있어야 하는 것 아닌가요? 돈을 버는 일이 아니라 부모를 모신다고 생각하면 이런 일이 없었을 텐데……."

감정이 북받치는지 여성은 말끝을 흐렸습니다. 이전에는 슬픔에 겨워서 말을 잇지 못했다면, 이번에는 끓어오르는 화 때문에 말을 잇지 못했습니다. 이를 증명이라도 하듯 여성의 손이 바들바들 떨리고 있었습니다.

저는 남성에게 아버지 입장이 되어 조금 더 강도 높게 간호사를 비판하라고 주문했습니다. 남성이 입을 뗐습니다.

"김 간호사, 왜 그렇게 일찍 퇴근했어? 당신 때문에 우리 가족이 얼마나 마음고생 심했는지 알아! 환자가 숨을 몰아쉬는데 간호사가 개인 용무 때문에 퇴근을 한다는 게 말이 돼. 당신은 간호사 할 자격이 없는 사람이야."

이어서 간호사 대역을 맡은 여성이 뒤돌아서서 사죄를 구했습니다.

"입이 열 개라도 할 말이 없습니다. 죄송합니다. 본의 아니게 망자(亡者)와 가족에게 씻을 수 없는 상처를 드렸네요. 집에 급한 일이 있어서 일찍 퇴근했는데, 저 때문에 환자 분이 돌아가실 줄은 상상도 못했습니다. 다시는 이런 일이 없도록 하겠습니다. 염치없지만 저를 용서해주십시오. 진심으로 고인이 극락왕생하시길 발원합니다."

상기됐던 여성의 얼굴빛이 원래대로 돌아왔습니다. 자신 때문에 아버지가 돌아가셨다는 죄책감에서 조금은 자유로워진 것

같았습니다. 여성이 아버지 대역을 맡은 남성에게 말했습니다.

"아버지 잘 가세요. 남은 사람 걱정 말고."

남성이 답했습니다.

"딸아, 이제 아빠 걱정 말고 부처님 가르침 열심히 공부해서 이 세상 사람들한테 회향하길 바란다."

실제 아버지를 만나기라도 한 것처럼 여성은 미소를 지었습니다. 그렇게 산 자와 죽은 자, 남겨진 자와 떠난 자는 화해했습니다. 이날 교육 참가자들은 차례대로 이 여성을 안아주었습니다.

자비 명상을 지도하면서 보니 가장 슬픈 일을 묻는 질문에 가족이나 애인의 죽음이라고 답하는 사람들이 많더군요. 오죽하면 부처님이 사랑하는 사람과 헤어져야 하는 고통을 사람이 살면서 겪는 여덟 가지 고통의 하나로 꼽았겠습니까? 하지만 사랑하는 사람이 자기 가슴속에서 살고 있다는 것을 깨닫고 나면 고통스러워할 이유가 없습니다.

틱낫한 스님의 『화해』에는 이런 말이 쓰여 있습니다.

"우리가 화해하고 싶은 사람이 이미 세상을 떠났다 해도 화해는 가능하다. 어머니가 돌아가셨다고 치자. 하지만 깊이 보면 어머니는 여전히 우리 안에 살아 계시다. 어머니 없이 우리는 존재할 수 없다. 우리가 어머니를 미워한다고 해도, 어머니에게 화가 났다고 해도, 어머니 생각을 하고 싶지 않다고 해도 어머니는 여전히 우리 안에 있다. 그뿐 아니다. 어머니는 우리 자신이다. 그리고 우리는 어머니이다. 우리는 어머니의 아들이고 딸이다. 우리는 어머니의 연속체이다. 좋든 싫든 우리는 우리의 어머니이다. 화해는 우리 내면에서 일어난다."

틱낫한 스님은 죽음에 대한 공포도, 이별에 대한 슬픔도 내면에서 일어나는 화해 앞에서는 힘을 못 쓴다는 사실을 일깨워주고 있습니다. 달라이 라마 존자도 "용서는 자기 자신에게 베푸는 가장 큰 자비이자 사랑"이라고 말했습니다. 달라이 라마 존자의 말이나 틱낫한 스님의 말이나 내용은 같습니다. 용서와 화해는 남을 위한 것처럼 보이지만 실은 자기 자신에게 한없는 평화를 주는 행위입니다.

죽음을 두려워하지 않는 생물은 없습니다. 특히 평생 사회관계 속에서 살아야 하는 인간에게는 죽음의 의미가 더 크게 느껴질 것입니다. 단순한 생의 마감이 아니라 모든 관계의 단절을 의미하는 것일 테니까요. 하지만 죽음을 피할 수 있는 존재는 없습니다. 그런 까닭에 저는 자비 명상을 지도할 때 참가자들에게 유서를 쓰게 합니다. 죽음이 우리 곁에 있다는 사실과 함께 삶이 얼마나 아름다운지를 일깨워주기 위해서입니다. 그런데 참가자들의 유서를 읽노라면 눈시울이 붉어질 때가 한두 번이 아닙니다. 함께 읽어보겠습니다.

"○○ 아빠! 당신을 사랑했고, 그 사랑에 고마웠던 적도 있고, 당신을 미워했던 적도 있었습니다. 좋은 기억만 담고 갑니다. 당신에게 부족했던 나, 용서해주길 바랍니다. 무슨 인연으로 당신과 만나 이만큼 많은 시간을 함께할 수 있었는지는 알 수 없지만 고개 숙여 감사함을 표합니다. 당신이 이곳에 남아서 얼마나 다행인지 모릅니다. 내가 못 다한 인연의 끝을 당신께 부탁해요. 시간이 흐르면 장성할 우리 아이들, 비록 곁에 없을지라도 멀리서 항상 지켜줄게요. 가끔 좋은 일 있을 때 기억해주길 바랍니다. 잠시 왔다간 사람이 있었다고……."

"봉분 없는 무덤에 자그마한 비석 하나를 세워주어라. 비석에는 '다음 생에 웃으리라고 세월을 보내버린 사람의 묘'라고 써주고. 생각날 때마다 이곳에 와서 너의 삶을 되돌아보고 가려무나.
아버지가 너에게 남기는 재산은 이것이다. 생명보험도 잘 찾아서 쓰고. 항상 위선은 곧 밝혀진다는 진리를 마음에 새겨라. 아버지가 너를 통해 다시 살게 되는 것이니, 외롭더라도 눈물 흘리지 말고 웃어라. 무엇보다도 따뜻한 온정을 지닌 사람이 되길 바란다.

죽음이 끝이 아니라는 말을 남기고 아버지는 먼저 간다."

앞의 유서는 한 30대 후반의 여성이 남편에게 쓴 것입니다. 그리고 뒤의 유서는 한 노인 남성이 아들에게 쓴 것입니다.

30대 후반의 여성은 남편에게 두 번이나 '기억'이란 말을 합니다. 먼저 자신은 좋은 기억만 담고 가겠다는 말을 합니다. 이어서 가끔 좋은 일이 있을 때 자신을 기억해달라고 당부합니다. 여성의 삶은 남편의 기억 속에서 언제나 현재형일 테니까요.

노인 남성은 아들에게 비석을 세워줄 것을 당부합니다. 그리고 그 비석을 보고서 아들이 자기 삶을 되돌아보길 바랍니다. 노인은 죽음은 끝이 아니라는 사실을 알고 있습니다. 하여 아들에게 "너를 통해 다시 살게 되는 것이니, 외롭더라도 눈물 흘리지 말고 웃어라."라고 말하는 것입니다. 아들이 노인의 기억을 간직하고 있다면 노인의 삶은 끝난 게 아닙니다.

인간이 자연에서 얻을 수 있는 것 중 하나는 바로 죽음에 대한 성찰입니다. 자연은 한곳에 머무는 법이 없습니다. 그렇게 보면 자연은 일시적입니다. 하지만 다양하게 모습만 바꿀 뿐 자연은 항상 그 자리에 있습니다. 그렇게 보면 자연은 영구적입니다. 구름이 모이면 비가 내리고, 비가 내리면 냇물을 이룹니다. 냇물은 흘러서 바다로 모입니다. 그리고 바닷물은 수증기가 되어 다시 하늘로 올라가 구름이 됩니다.

나무는 가을에 잎사귀를 남김없이 떨어뜨립니다. 나목은 벌거벗은 채 겨울을 나야 합니다. 하지만 봄이 오면 나무에는 새 움이 트고 꽃이 피어납니다. 하다못해 이름 없는 풀씨도 바람에 몸을 맡겨 어딘가로 날아가 뿌리를 내립니다. 떠나갔다고 끝이 아님을 자연의 구성원들은 수시로 일깨워주고 있습니다.

죽음에 대한 공포는 자신의 존재가 사라진다는 데서 옵니다. 하지만 이 세상에 홀연히 사라지는 것은 아무것도 없습니다. 자연의 한 구성원으로 돌아갈 뿐입니다. 그리하여 언제라도 사랑하는 사람들 곁에 머물 수 있는 것입니다. 인기척에 놀라 뒤돌아보면 나뭇가지를 흔들고 가는 바람처럼. 그래서 옛 선사는 이렇게 말했습니다.

"삶은 한 조각 구름이 일어나는 일이요,
죽음은 한 조각 구름이 스러지는 일."

누구나 언젠가는 죽습니다. 죽을 때를 아는 이는 없습니다. 그리고 죽을 때 가져갈 것은 아무것도 없습니다. 이 세 가지 사실을 가슴에 새긴다면 자신이 살아 있다는 것이 얼마나 큰 축복인지 알게 되고, 더불어 타인을 자신처럼 사랑하게 됩니다.

한 사람의 삶은 여인숙과 같습니다. 그리고 사람에게 오는 숱한 감정들은 여인숙을 찾는 손님입니다. 그런 까닭에 우리는 몸이 느끼는 모든 감각과 마음이 느끼는 모든 감정을 소중하게 대해야 합니다. 마치 손님을 환한 얼굴로 맞이하는 집주인처럼.

생명력을 느끼며 잠들기

잠들기 전 침대 혹은 이부자리에 앉아 편안한 자세로 눈을 감고
머리끝에서 발끝까지 몸을 천천히 느껴봅니다.

서서히 시간을 거슬러 올라갑니다.
초등학교 시절을 거쳐 유아기로,
유아기에서 어머니 배 속 시절로 갑니다.
몸이 웅그러지기 시작하면 그대로 맡겨둡니다.
점차 웅그러질 것입니다.

어머니 배 속의 작은 아이가 됩니다.
호흡에 귀를 기울입니다.
심장박동 소리가 들립니다.
어머니 배 속에 있던 때처럼 탯줄을 따라
우주의 생명 에너지를 받고 있습니다.

이제 잠자리에 눕습니다.
잠을 자기 전 몸을 이완시키고
자신이 무한한 우주의 한 존재임을 인식하면

편안히 잠잘 수 있을 것입니다.
잠자는 시간이 나를 회복하는 시간이 될 것입니다.

사랑할 시간은
그리 많지 않다

마치 어머니가
목숨을 걸고 외아들을 아끼듯이
모든 살아 있는 것에 대해서
한량없는 자비심을 내라

『숫타니파타』에서

저와 친분이 두터운 한 작가가 하루는 전화를 걸어왔습니다. 이런저런 이야기를 주고받다가 전화를 끊을 때 즈음 작가가 대뜸 물었습니다.

"스님, 〈늑대소년〉 보셨어요?"

'늑대소년? 늑대인간은 알아도 늑대소년은 처음인데?'

그런 생각이 들어 작가에게 되물었습니다.

"그게 뭔데요?"

"영화예요. 안 보셨으면 꼭 보세요."

작가의 권유로 저는 〈늑대소년〉을 보게 됐습니다. 순수한 영화라는 생각이 들었습니다. 한국전쟁 직후 강원도의 한 산골 마을에서 순이와 철수가 만나 사랑을 하지만 반인반수의 몸을 타고난 철수의 운명 때문에 헤어진다는 게 줄거리입니다. 단순한 내용인데도 불구하고 감동은 깊었습니다. 오랜만에 고향 집에 찾아간 것 같은 느낌이랄까.

다시 작가와 통화를 하게 됐을 때 저는 이렇게 물었습니다.

"〈늑대소년〉의 감동은 어디서 오는 거지?"

작가의 답은 간단하고 명료했습니다.
"아득한 첫사랑의 기억일 테지요."

사랑 하면 떠오르는 동화가 하나 있습니다. 바로 인어공주 이야기입니다. 왕자를 사랑하게 된 인어공주는 왕자처럼 땅 위를 걷기 위해 지느러미를 버리고 발을 얻습니다. 발을 얻기 위해 혀를 잘린 인어공주는 왕자에게 사랑한다는 말조차 할 수 없습니다. 왕자가 다른 여자와 결혼하는 광경을 지켜봐야 하는 인어공주에게 언니들이 칼을 내주며 말을 합니다. 그 칼에 왕자의 피를 묻히면 다시 인어로 돌아올 수 있고, 그러지 못하면 인어공주가 물방울로 사라지게 된다고. 인어공주는 사랑을 위해 드넓은 바다의 한 점 물방울로 사라지는 길을 선택합니다.

세상에는 사람 수만큼 여러 빛깔의 사랑이 있습니다. 하지만 진정한 사랑이라면 '순수함'이라는 한 가지 속성만큼은 꼭 담고 있어야 한다고 저는 생각합니다. 진정한 사랑은 한없이 순수한 마음에서 비롯된 것이기에 그 어떤 희생도 달게 받아들입니다. 어쩌면 이 세상의 모든 사랑은 가슴속에 아련한 기억 하나를 간직한 채 물거품으로 돌아가는 것인지도 모르겠습니다.

살면서 저는 아름다운 사랑을 많이 봐왔습니다. 그중에서도 가장 아름다운 사랑은 평생 함께 살고 함께 늙어가는 한 부부에게서 볼 수 있었습니다. 그들은 굳이 말하지 않아도 서로의 속내를 훤히 알고 있었습니다. 봄철 화사한 벚꽃을 보면서 할머니가 두 눈이 깊어지는 이유를 할아버지는 잘 알고 있었습니다. 어쩌면 내년에는 그 예쁜 꽃을 볼 수 없을지도 모른다는 생각을 하고 있다는 것을요. 할머니도 할아버지가 밥상을 받고 왜 입맛을 다시는지 잘 알고 있었습니다. 아리고 매우면서도 단, 그 맛있는 총각김치를 아작아작 베어 먹지 못하는 게 아쉽기 때문이라는 것을 말이지요.

인생은 참으로 짧습니다. 봄날의 아지랑이처럼 금세 사라져버리는 삶, 가뭇없는 인생이기에 우리는 더 많이 사랑해야 합니다.

불경에는 부처님과 부처님의 아내 야소다라의 전생 인연담이 전해지고 있습니다.

'초술'이라는 수행자 앞에 바라문의 딸인 '선미'라는 처녀가 꽃을 들고 지나갔습니다. 초술은 정광여래에게 꽃을 공양하고 싶어서 선미에게 금 오백 냥을 줄 테니 꽃을 팔라고 했습니다. 하지만 선미는 왕이 꽃을 사지도 팔지도 말라고 했다면서 거절했습니다. 초술이 거듭 사정하자 선미는 초술에게 마음이 끌려서 조건을 내걸었습니다. 그것은 후생에 부부의 연을 맺는 것이었습니다. 난처해진 초술이 말했습니다.

봄철 화사한 벚꽃을 보면서 할머니가 두 눈이 깊어지는 이유를
할아버지는 잘 알고 있었습니다.
어쩌면 내년에는 그 예쁜 꽃을 볼 수 없을지도 모른다는
생각을 하고 있다는 것을요.

"나와 결혼하면 이별을 해야 합니다. 수행을 하자면 집을 떠나야 하기 때문입니다."

선미는 결혼만 해주면 떠나는 것을 막지 않겠다고 했습니다. 초술은 선미에게 결혼 약속을 하고 꽃을 사서 정광여래가 오는 길에 뿌렸습니다. 그런데 꽃길을 가던 정광여래가 걸음을 멈췄습니다. 발이 빠지는 진흙탕 때문이었습니다. 이에 초술은 자신의 머리를 풀어 진흙탕을 덮고 정광여래가 지나가게 했습니다. 정광여래는 초술에게 "내세에는 석가모니 부처님이 되리라."라고 예언했습니다.

헤어질 것을 알면서도 내세에 부부의 인연을 소원하는 선미도, 머리를 풀어 정광여래의 길을 열어준 초술도 참으로 아름다운 마음을 지녔습니다. 꽃을 바치는 마음으로, 머리를 풀어 길을 열어주는 마음으로 서로 사랑하십시오.

다시 태어나는
연습

초 한 개와 볼펜과 종이를 준비합니다.
눈을 감고 지금까지 살아온 삶을 되돌아봅니다.
부모, 형제, 연인, 친구 등 사랑하는 모든 이들과 마지막 인사를
나눈다고 생각해봅니다.

초에 불을 붙이고서 유서를 써 내려갑니다.
사랑하는 사람에게는 "사랑했다"라고 쓰고,
미워하는 사람에게는 "용서한다"라고 씁니다.
유서를 다 쓰면 소리 내어 유서를 읽어봅니다.

사랑하는 사람에게 마지막 인사를 한다고 생각하고
삼배를 올립니다.

이제 바닥에 반듯이 눕습니다.
하루, 이틀, 사흘, 한 달, 두 달, 석 달, 한 해, 두 해, 세 해,
그리하여 1백 년, 1천 년, 1만 년이 지나는 것을 상상합니다.
흙 속에 묻힌 자신의 몸이 흙으로 돌아가는 것을 상상합니다.

자신에게 "당신은 누구십니까?"라고 세 번 묻습니다.
태고의 시간으로부터 한 줄기 빛이 새어 나오는 것을
떠올려봅니다.
그 빛이 빠른 속도로 은하계에 도달하고 있습니다.
은하계를 느껴봅니다.
그 빛이 태양계에 도달했습니다.
태양계를 느껴봅니다.
그 빛이 지구별에 도달했습니다.
지구별을 느껴봅니다.
그 빛이 당신이 누워 있는 곳에 도달했습니다.

손가락을 움직여봅니다.
발가락도 움직여봅니다.
손을 들어 얼굴을 만져봅니다.
몸을 구석구석 만져봅니다.

이제 새 생명을 얻었다고 생각하고서 일어나 앉습니다.
앞으로 꼭 해야 할 세 가지 서원을 세웁니다.

1년 후, 10년 후가 아니라
지금 당장 할 수 있는 일들을 서원해야 합니다.
무릎을 꿇고 앉아서 간절한 마음으로
세 가지 서원을 빕니다.

2장

고　　　운
사람 무늬
그 리 기

'틀리다'와 '다르다'

하나의 진리를 가지고
현자들은 여러 가지로 말하고 있다.

『리그베다』에서

우리나라 사람들이 종종 저지르는 말실수 가운데 '다르다'를 '틀리다'라고 쓰는 것이 있습니다. 가령 "네 어머니의 김치찌개는 내 어머니의 김치찌개와는 맛이 틀려."라고 말하는 사람이 있는데, 이 말은 "네 어머니의 김치찌개는 내 어머니의 김치찌개와는 맛이 달라."라고 고쳐야 옳습니다.

'틀리다'라는 말은 '옳지 않다', '잘못되었다'라는 뜻입니다. '틀리다'라는 말 속에는 가치 판단이 깃들어 있는 것입니다. 이와 달리 '다르다'라는 말은 가치 판단 없이 그저 '다름'을 표현하기만 합니다. 사실을 있는 그대로 바라보기만 할 뿐인 것이지요.

그런데 왜 많은 이들이 이런 말실수를 하는 걸까요? 아마도 세상을 자기중심으로 생각하기 때문일 것입니다. 이런 말실수를 하는 사람들의 내면에는 '나는 옳고 너는 그르다'라는 생각이 자리 잡고 있다고 할 수 있습니다. 그러다 보니 김치찌개를 두고도 자기 입맛에 따라서 옳고 그름을 판단하게 되는 것입니다. 사람마다 입맛은 제각각인데도 말입니다.

나와 남은 다릅니다. 그 다른 사람들이 모여서 '우리'라는 공동체를 만든 게 바로 사회입니다. 제가 강연 때마다 다름을 인정하자고 강조하는 것도 이 때문입니다. 이를 쉽게 전달하기 위해 저는 강연에서 제 나름의 수식 풀이를 자주 소개하곤 합니다.

5 + 3 = 8
오해를 내 입장에서 세 번 생각하면
화가 나고 팔자가 꼬입니다.
이럴 때 마음은 지옥입니다.

5 - 3 = 2
오해를 상대방의 입장에서 세 번 생각하면 이해가 됩니다.
이럴 때 마음은 극락입니다.

2 + 2 = 4
이해하고 또 이해하는 것이 사랑입니다.

오해는 이해하지 못하는 데서 옵니다. 남의 처지는 고려하지 않고 제 생각만 하기 때문에 오해가 생기는 것입니다. 남의 처지를 고려하면 남을 이해할 수 있고, 남을 이해하면 남이 나와 다른 것을 인정할 수 있습니다. 다름을 인정하는 것은 다양성을 인정하는 것입니다. 그리고 다양성이야말로 우리가 사는 세상의 본질입니다.

세상은 여러 다른 것들이 어우러져 있기에 존재할 수 있으며, 그렇게 존재하기에 아름답습니다. 여기저기 꽃들이 흐드러지게 피어 있는 봄날의 과수원을 상상해보세요. 그러면 세상이 왜 다양한 것들로 채워져야 하는지 쉽게 이해할 수 있을 겁니다.

배꽃, 사과꽃, 복숭아꽃이 한데 어우러진 꽃밭을 벌과 나비가 날아다니는 풍경을 떠올려보세요. 그런 다음 꽃이든 벌레든 한 가지만 있는 모습을 떠올려보세요. 꽃이 한 가지만 있으면 너무 단조로워서 아쉬울 테고, 꽃만 있고 벌과 나비가 없다면 생명의 역동성이 사라지겠지요. 다양한 꽃들이 울긋불긋 모양을 뽐내고, 분주하게 날아다니는 벌과 한가로이 팔랑거리는 나비가 모두 있어야 보기에도 아름답고 과일도 열립니다.

이렇듯 서로 다른 것들이 모두 제자리에 있을 때 자연은 조화를 유지할 수 있습니다. 사람이 모여 사는 것도 마찬가지입니다.

그런데 다름을 인정할 수 있으려면 갖춰야 할 조건이 하나 있습니다. 바로 귀를 열어두는 것입니다. 사람은 입은 하나인데 귀는 두 개입니다. 저는 이를 말하기보다는 듣기를 즐기라는 뜻으로 이해합니다. 남의 말을 잘 들으면 상대를 이해할 수 있어서 좋고, 자기가 사랑받아서 또 좋습니다. 애완견이 사랑받는 이유가 뭘까요? 가족들 말을 잘 들어주기 때문 아닐까 싶습니다. 자기 일에 바쁜 나머지 이야기를 흘려듣거나 무시하는 다른 가족들에 비해 애완견은 주인의 이야기를 들어주는 것은 물론이고 꼬리도 흔들어주며, 주인이 밖에 나갔다 돌아오면 반갑게 맞이해주기까지 합니다. 이런 애완견을 사랑하지 않을 도리가 있겠습니까. 그러니 여러분도 누군가를 사랑하고 믿는다면 먼저 그의 말을 경청해주세요.

이해가 잘 안 될지도 모르지만, 대화를 잘하기 위해서는 이야기하는 능력만큼 잘 듣는 능력이 필요합니다. 어쩌면 자기 이야기를 하는 것보다 상대 이야기를 듣는 것이 더 중요한지도 모르겠습니다. 자기 이야기만 하는 사람 앞에서 상대방은 귀를 막게 돼 있기 때문입니다.

가족을 배려할 줄 아는 사람이 되고 싶다면, 먼저 가족 속에서 자기가 어떤 모습으로 자리매김하고 있으며 가족들에게 자기가 어떤 존재인지를 돌아보는 시간을 가져보세요. 직장에서도 마찬가지입니다. 직장 동료를 배려하는 사람이 되고 싶다면, 직장 속에서 자기가 어떤 위치에서 어떤 역할을 하고 있으며 자기에게 직장은 어떤 의미인지 돌아보는 시간을 가져보십시오.

한 사람의 인생에서 인간관계만큼 중요한 것은 없습니다. 마음의 창을 열면 그 열린 창틈으로 자비로운 마음을 북돋우는 햇살을 맞이할 수 있습니다. 인간(人間)이라는 한자말에는 여러 의미가 담겨 있습니다. 사람 인(人) 자가 지친 어깨를 기대고 있는 두 사람의 형상인 것은, 사람은 누구나 관계 속에서 살아갈 수밖에 없기 때문입니다. 인간이라는 말에 틈 간(間) 자가 들어가는 것도 연장선상에서 해석이 가능합니다. 나무와 나무가 어우러져 더불어 사는 숲을 보십시오. 나무와 나무 사이에는 얼마간의 틈이 있습니다. 이 틈이 있기에 나무들은 함께 어울리면서도 제 모습으로 자라날 수 있습니다. 사람이 함께 살아가는 것도 이와 마찬가지여서, 함께 있으면서도 너와 내가 같아야만 한다는 생각을 내려놓을 때 각기 아름다운 꽃으로 피어날 수 있습니다. 상생은 서로의 가치를 인정하는 다양성 속에서 완성되는 것입니다.

상대를 인정하는 것이 손해인 것처럼 느껴질 수도 있을 것입니다. 하지만 조금만 더 멀리 앞을 내다보면, 다름을 인정하는 게 자신에게도 이득임을 깨닫게 될 것입니다.

강물과 바다가 교차하는 갯벌은 생명의 보고라 할 만큼 다양한 생명들을 품고 있습니다. 언뜻 보면 갯벌은 서로 다른 물길이 만나기 때문에 생존에 불리할 것 같습니다. 하지만 민물과 바닷물이 서로 만나 뒤섞여서 이룬 조화 덕분에 민물에 사는 생명과 바닷물에 사는 생명은 물론이고, 갯벌이라는 독특한 곳에서만 사는 생명까지 외려 더 많은 생명이 공존할 수 있게 되었습니다.

인류 문명도 마찬가지입니다. 역사상 가장 화려한 문명은 서로 다른 문명이 충돌해서 탄생했습니다. 서양 문화는 그리스·로마 문화와 히브리 문화가 만나 용해됨으로써 꽃필 수 있었고, 불교미술의 꽃이라고 불리는 간다라미술은 헬레니즘과 인도 문화가 융합해서 탄생했습니다.

우리의 견문이 넓어지는 시기도 자신과 비슷한 부류의 사람과 교류했을 때가 아니라 자신과 다른 부류의 사람을 만나서 소통할 때입니다. 생각이 다른 두 사람이 만나서 합의를 도출하려면 다름을 인정하지 않을 수 없고, 그 과정에서 생각이 자라고 품이 넓어지기 때문입니다.

사실 우리는 이 진실을 늘 조금씩은 실천하며 살고 있습니다. 가정에서, 회사에서, 학교에서 맞대고 살아가는 이들을 떠올려보세요. 각기 다른 집에서 자란 두 사람이 만나 이루고 가꾸는 가정이나, 수많은 다른 사람들이 모여 지지고 볶는 회사와 학교에서 어떻게 행동하고 있나요? 어떻게 할 때 그 모임들이 잘 굴러가고 우리 마음이 편안합니까? 답은 분명합니다. 이제부터라도 서로 더 인정하고 더 존중하며 살아야겠습니다.

오감
다스리기

눈으로 보는 저 모습들
마음에 맞기도 하고 맞지 않기도 하다.
마음에 맞아도 탐욕을 내지 말고
마음에 맞지 않아도 미워하지 마라.

귀로 듣는 저 소리들
기억하고 싶은 것도 있고
기억하고 싶지 않은 것도 있다.
기억하고 싶어도 즐거워하며 집착하지 말고
기억하고 싶지 않아도 미워하지 마라.

코로 맡는 저 냄새들
향기롭기도 하고 지독하기도 하다.
향기에 탐욕을 내지 말고
악취에 언짢아하지도 마라.

여러 음식 가운데
맛있는 것도 있고 맛없는 것도 있다.

좋은 맛에도 탐욕을 내지 말고
나쁜 맛에도 가리는 마음을 내지 마라.

즐거운 감촉에 부딪쳐도 빠져들지 말고
괴로운 감촉에 부딪쳐도 싫어하는 생각 내지 마라.
평등하게 괴로움과 즐거움을 버려
소멸하지 않은 것을 소멸하게 하라.

한 비를 맞더라도
각 기 자 란 다

차별하고 선택하는 마음만 없으면,
도(道) 자체에 어려울 게 없다.
좋고 나쁨을 떠나면 도는 밝은 대낮처럼 뚜렷하다⋯⋯
너는 나로 인해 존재하고, 나는 너로 인해 존재한다.
둘 다를 알고자 하는가.
원래는 깊고 깊은 한 뿌리이다.

승찬 스님

세상을 바라보는 식견이 생기고 그에 따라 행동할 줄 알게 된 사람을 두고 우리는 흔히 '철이 들었다'라는 말을 합니다. 이 말을 문자 그대로 해석하면 '사계절의 순환을 몸소 깨달았다'는 뜻입니다. 달리 표현하면 철이 들었다는 것은 각기 다른 절기를 인정하고 그에 맞춰 살 줄 안다는 뜻이고, 사람이 태어나서 죽을 때까지 겪는 다양한 경험들을 받아들일 줄 안다는 말이기도 합니다.

자연이 봄, 여름, 가을, 겨울이라는 네 계절에 맞춰 순환하듯이, 사람의 인생은 태어나고 늙고 병들고 죽는 네 가지 고통의 법칙에 맞춰 순환합니다. 부처님 가르침에 따르면 인간에게는 이 밖에도 네 가지 고통이 더 있습니다. 바로 사랑하는 이와 헤어져야 하는 괴로움, 미워하는 이와 만나야 하는 괴로움, 원하는 것을 얻지 못하는 괴로움, 몸의 쾌락에서 비롯되는 괴로움입니다. 모두 더해 여덟 가지 고통을 불교에서는 팔고(八苦)라고 하는데, 사람이라면 누구나 이 여덟 가지 고통 앞에 평등합니다.

이 사실을 명심하면 타인에 대한 연민이 싹트게 됩니다. 저 사람도 나와 똑같이 고통받고 있는 존재라는 사실을 깨닫게 되는 것이지요. 바로 이 깨달음이 올 때 자비심의 씨앗이 가슴에 뿌려집니다.

『유식 30송』에는 인간의 고통이 자기 자신과 상대를 비교하는 생각, 자기중심적인 사랑의 욕구, 자기는 독립해서 영원히 존재한다는 생각, 자신이 그물망처럼 얽혀 있는 세계의 일부임을 알지 못하는 어리석음에서 비롯된다고 적혀 있습니다. 한마디로 하면 '과도한 자기애'에서 모든 고통이 시작되는 것입니다.

『상응부경전』에는 부처님이 화살을 비유로 들어 고통에 대해 말씀하신 내용이 있습니다.

"불법(佛法)을 배우지 못한 이는 육체적인 괴로움을 겪게 되면 근심하고 상심하며 슬퍼하고, 가슴을 치고 울부짖고 광란한다. 결국 그는 이중으로 고통을 겪고 있는 것이다. 즉 육체적 고통과 정신적 고통이다.

그것은 마치 어떤 사람이 화살에 맞은 뒤 곧바로 두 번째 화살에 맞은 것과 같다. 그래서 그 사람은 두 화살 때문에 오는 괴로움을 모두 다 겪을 것이다."

육체를 타고난 이상 사람은 첫 번째 화살, 즉 육체적 고통을 피할 수 없습니다. 하지만 두 번째 화살, 즉 육체적 고통으로 말미암아 발생하는 정신적 고통은 피할 수 있습니다. 어떻게 하면 두 번째 화살을 피할 수 있을까요?

제가 용타 스님의 동사섭(일, 고통, 기쁨 등을 함께하며 사람들을 깨달음으로 이끄는 방법) 가르침을 응용해 개발한, 두 번째 화살을 피하는 방법을 소개하고자 합니다. 일명 '앵무새 방법'입니다. 앵무새는 주인이 한 말만 되풀이합니다. 가령 주인이 "바보야"라고 말하면 앵무새는 "바보야"라고 따라 합니다. 앵무새가 무슨 말을 따라 하건 그 말을 듣고서 화를 내는 주인은 없을 것입니다. 앵무새의 말은 무슨 생각이 있어서 나온 말이 아니니까요.

그럼 앵무새 방법을 설명드리겠습니다. 화나는 일이 있으면 앵무새처럼 그 상황을 이야기한 뒤 그 끝에 '-구나'라는 어미를 덧붙이는 것입니다. 예를 들어 애인이 헤어지자고 해서 화가 났다고 칩시다. 그러면 "애인이 헤어지자고 하는구나."라고 읊조립니다. 아들이 시험에서 평균 30점을 맞았다고 칩시다. 그러면 "아들이 30점을 맞았다고 하는구나."라고 읊조립니다. 여기서 중요한 것은 화나는 상황 혹은 짜증나는 상황을 있는 그대로 기술해야 한다는 것입니다. 그렇게 화나는 일을 객관화하면 마음의 화가 조금 줄어들 것입니다. 객관적으로 보면 화가 나는 일은 자신만 겪는 일이 아니라 세상 사람 모두가 겪는 일이 되니까요.

그래도 화가 안 풀리면 이런 방법을 써보세요. 화나게 한 사람의 입장이 되어서 상황이 그럴 수밖에 없었던 이유를 찾아보는 것입니다. 예를 들어 차를 운전하고 있다고 칩시다. 그런데 옆 차선에서 달리던 차가 신호도 없이 차선을 옮겨서 앞으로 끼어들었습니다. 화가 끓어오르는 순간, 먼저 "차가 한 대 끼어들어오는구나."라고 읊조립니다. 그래도 화가 안 풀리면 무리하게 차선을 옮긴 운전자의 처지가 돼서 그럴 만한 이유를 찾아봅니다. 그리고 그 뒤에 '-겠지'라는 어미를 붙입니다. 이를 테면 '가족이 위독해서 급히 병원에 갈 수밖에 없는 상황이겠지.'라고 생각해보는 것입니다.

그래도 화가 안 풀리면 마지막으로 감사하는 마음을 가져보십시오. '저 차가 내 차의 측면을 들이받지 않아서 천만다행이다.'라고 생각해보는 것이지요. 이 과정에서 우리는 순행과 역행의 사랑을 배우게 됩니다. 살면서 좋은 사람을 만나면 그의 행동을 배우고, 나쁜 사람을 만나면 그의 행동을 교훈으로 삼으면 됩니다.

앞서 저는 인간의 고통이 과도한 자기애에서 비롯된다고 말했습니다. 이 말을 듣고서 이런 의구심을 갖는 분도 있을 것입니다.

'자기애가 모든 고통의 뿌리라면, 자기를 사랑하라는 마가 스님의 말은 틀린 거 아냐?'

결론부터 말하면 아닙니다. 과도한 자기애는 대부분 남과 자기를 비교하는 데서 비롯됩니다. 그런데 진정한 자기의 가치를 아는 이는 굳이 열등감을 느낄 이유가 없습니다. 밤하늘에 뜬 별들을 보십시오. 서로를 돋보이게 할 뿐이지 자신을 뽐내려고 다투지 않습니다.

술자리에서 하지 말아야 할 이야기가 세 가지가 있다고 합니다. 첫째는 지역 이야기입니다. 지역 갈등이 심각하기 때문일 것입니다. 둘째는 정치 이야기입니다. 여당과 야당의 갈등이 첨예하기 때문일 것입니다. 셋째는 종교 이야기입니다. 종교 간 반목이 심각하기 때문일 것입니다.

법정 스님의 『무소유』에 「진리는 하나인데」라는 글이 실려 있는데, 부제가 '기독교와 불교'입니다. 이 글에서 법정 스님은 "하느님을 사랑한다고 하면서 자기 형제를 미워하는 사람은 거짓말쟁이입니다. 보이는 자기 형제를 사랑하지 않는 사람이 어떻게 보이지 않는 하느님을 사랑할 수 있겠습니까?"라는 『요한의 첫째 편지』의 내용을 인용하면서 "기독교도와 불교도 사이에 바람직한 대화의 길이 트이지 못한 원인을 찾는다면, 상호 간에 독선적인 아집으로 오해가 있었을 것이다. 출세간적인 사랑은 편애가

저는 강연 때마다 '나쁜'이라는 생각은
'나쁜' 생각이라고 곧잘 말합니다.

아니고 보편적인 것이다. 보편적인 사랑은 이교도를 포함한 모든 이웃에 미치지 않을 수 없다."라고 강조했습니다. 법정 스님은 이 글을 1971년에 썼습니다. 그로부터 무려 40여 년이 지났지만 한국 사회는 여전히 종교 간 반목으로 몸살을 앓고 있습니다. 부끄러운 대목입니다.

종교 간 대화뿐 아니라 사람과 사람의 대화나 나라와 나라의 대화도 그 시작은 상대방을 인정하는 것입니다. 상대가 없으면 대화는 성립할 수 없습니다. 상대 없는 말은 독백이나 넋두리에 지나지 않을 테니까요. 그런 까닭에 저는 강연 때마다 '나뿐'이라는 생각은 '나쁜' 생각이라고 곧잘 말합니다. 또 이런 말도 곧잘 합니다. "한국은 동북아 외교를 위해 '차이나(China)'를 인정하지 않을 수 없다. 차이 나는 것을 인정하면 행복해지고, 부정하면 불행해진다."

다시 한 번 강조하건대 '그럴 수 있어.'라고 생각하면 인생이 풀리고, '그럴 수 없어.'라고 생각하면 인생이 꼬입니다.

여린 작은 새싹이 두꺼운 나무껍질을 뚫고 돋아나는 것을 보면, 생명만큼 위대한 것은 없다는 생각이 듭니다. 나무의 새싹을 돋게 하는 것은 단비입니다. 자비로운 마음은 단비와 같습니다. 따뜻한 마음가짐이 희망의 새싹을 돋게 하니까요.

『법화경』에서 부처님이 약초를 비유로 들어 하신 말씀으로 글을 마무리하겠습니다.

"한 구름에서 내리는 비이지만 초목의 종류와 성질에 맞춰서 싹이 트고 자라고 꽃이 피고 열매를 맺느니라. 비록 한 땅에 나고 한 비로 적시어지지만 여러 초목이 각각 다름이 있는 것이니라."

스트레스 풀어주기

허리를 곧게 펴고 의자에 앉아 코로 숨을 쉽니다.
코에서 가는 실이 들어왔다 나갔다 하는 것처럼
들숨과 날숨을 연습합니다.
억지로 배를 크게 부풀리면서 숨을 쉬면 모르는 사이에
스트레스에 민감한 교감신경이 반응하게 되므로
천천히 자연스럽게 숨을 쉽니다.

들숨, 날숨
들숨, 날숨

숨이 자연스럽고 길게 쉬어지면, 이제 마음속을 채우고 있는 화를
밖으로 내보냅니다.

먼저 자리에서 일어섭니다.

숨을 깊게 들이쉬었다가 내쉬면서 기지개를 켜듯 몸을 뒤로 젖히고
목을 돌립니다.
상반신과 등의 결림이 풀어질 것입니다.

이제 양발을 어깨 너비로 벌리고, 양손을 머리에 대고 가슴을 편 다음
숨을 들이쉬면서 배를 넣는 기분으로 웅크렸다가
숨을 내쉬면서 바로 섭니다.

화가 날 때, 스트레스가 쌓일 때 이 동작을 천천히 반복해보세요.
머리끝까지 치솟았던 화의 기운이 천천히 아래로 내려가고
몸속에서 나쁜 에너지가 배출될 것입니다.

물을 닮은 리더십

백성들이 모두 괴로움을 받는 것은
왕의 법이 바르지 못하기 때문이다.
나쁜 법 행하면
백성들도 따라서 그러하다.
마치 소 떼가 물을 건널 때처럼
길잡이 소가 바르게 가면
뒤따르는 소도 모두 바르게 하니
길잡이 소를 따라가기 때문이다.
대중에게는 반드시 길잡이가 있으니
길잡이가 바른 법을 행하면
그 뒤를 따르는 이들은 말할 것도 없다.

『증일아함경』에서

마곡사 템플스테이를 지도하면서 저는 사회에 적응하기 힘들어하는 이들에게 희망을 주는 프로그램을 마련했습니다. 소년원, 소녀원, 출소 대기자들에게 사회 적응 훈련을 시키는 개방교도소, 외국인교도소, 새터민들을 교육하는 하나원 등에서 봉사활동을 펼쳐왔던 터라 저는 음지의 사람들에게는 햇볕처럼 따스한 사랑이 필요하다는 것을 잘 알고 있었습니다.

소년원과 소녀원에서 만난 아이들은 부모의 따뜻한 사랑을 받지 못한 경우가 많았습니다. 성인 죄수들도 살아오면서 사랑에 굶주리긴 마찬가지였습니다. 외국인 죄수들의 경우는 국적이 다르다는 이유로 냉대를 받았던 경우가 많았습니다. 북한이탈주민들은 전혀 다른 사회 문화에 적응해야 하는 터라 미래에 대한 두려움을 갖고 있었습니다. 그들에게는 무엇보다도 할 수 있다는 자신감이 필요했습니다.

이들에게 희망을 주는 교육은 제법 효과가 있었습니다. 자비명상 교육 중에 직장을 구한 분도 있었습니다. 교육의 일환으로 대중목욕탕에 간 적이 있는데, 목욕탕에 놓인 것들을 치우는 모습을 보고서 목욕탕 사장이 그 자리에서 채용한 것입니다.

관계 형성에 실패한 사람들은 외로움을 느끼기 쉽습니다. 그리고 외로운 사람들은 마음의 병이 깊어지기 마련입니다. 그런 사람들에겐 따뜻한 가슴을 지닌 사람이 절실합니다. 추운 겨울날 훤히 불을 밝힌 창문을 보면 가슴이 훈훈해지듯이, 자비로운 마음을 지닌 사람이 곁에 있으면 덩달아 마음이 따뜻해지고 희망이 생겨나기 때문입니다.

기업을 대상으로 한 템플스테이를 진행하면서 저는 정의로운 사회를 만드는 데 힘 있는 분들의 역할이 크다는 사실을 깨닫게 됐습니다. 자비 명상 교육을 받은 뒤 한 건설회사는 하청업체들에게 자비 명상을 권장했습니다. 하청업체에게 자비 명상을 권한 것은 다름 아닌 건설회사 사장이었습니다. 사장이 직접 체험해본 결과 자비 명상이 사원들의 행복감을 높이는 데 효과가 있다고 판단했던 것입니다. 하청업체도 한 식구라고 생각하는 사장이었기에 자비 명상의 필요성을 절감할 수 있었던 게 아닌가 하는 생각이 듭니다.

한 은행 직원들을 대상으로 실시한 자비 명상 교육도 잊혀지지 않는 기억 중 하나입니다. 어느 지점장이 직원들에게 그간의 과오를 뉘우치는 삼배를 올리자, 같이 일하는 직원이 속내를 털어놨습니다. 직원들에게 삼배를 올리는 지점장을 보자 외려 그동안 지점장을 마음속으로 욕했던 자신이 부끄러워졌다는 내용이었습니다. 간부와 평사원이 하나가 되어 허심탄회하게 이야기 나누는 시간을 갖다 보니 자연스럽게 화해의 장이 되었습니다. 상하 없고 위계 없는, 사람 대 사람으로 만날 수 있는 현장이었기에 가능했던 일일 것입니다.

다소 주제 넘는 줄 알지만, 한국 사회의 병폐 몇 가지를 지적하고자 합니다. 대학에 출강하면서 학생들과 대화할 시간이 많아졌는데, 학생들의 주된 고민거리는 취업 문제였습니다. 하여 학생들에게 조금이라도 도움이 될까 싶어 신문을 찾아보면서 시사에 관심을 갖게 됐습니다.

'20 대 80 사회'라는 용어가 있습니다. 이 말은 20퍼센트의 부자가 전체 부의 80퍼센트를 차지하고, 80퍼센트의 국민이 남은 20퍼센트를 놓고 경쟁하는 사회라는 뜻입니다. 이탈리아 경제학자 빌프레도 파레토가 처음 주창한 이 개념만큼 한국 사회의 특징을 잘 드러내는 말도 없습니다.

한국 사회는 자본소득분배율과 노동소득분배율의 양극화가 심각합니다. 전체 국민소득에서 근로자에게 돌아가는 몫이 얼마나 되는지를 보여주는 노동소득분배율은 갈수록 줄어들고 있는 반면, 전체 국민소득에서 자본가에게 돌아가는 몫이 얼마나 되는지를 보여주는 자본소득분배율은 갈수록 늘어나고 있습니다.

중심부 일자리와 주변부 일자리의 이중 구조도 심각합니다. 우리 사회의 노동시장은 정규직, 대기업, 공공기관으로 대표되는 중심부 일자리와 비정규직, 저임금 근로, 중소기업으로 대표되는 주변부 일자리라는 이중 구조로 되어 있습니다. 노동인구의 20퍼센트는 중심부 일자리의 정착민으로, 80퍼센트는 주변부 일자리의 유목민으로 살아야 합니다. 이들 두 노동시장 간의 이동은 거의 없습니다. 중심부 일자리는 막혀 있고, 한번 주변부 노동시장에 들어가면 평생 주변부 일자리를 전전해야 합니다. 그 결과 중심부 일자리의 정규직은 점점 나이 많은 사람으로 채워지고, 새롭게 노동시장에 진입하는 청년들은 대부분 주변부 노동시장에 편입됩니다.

대기업과 중소기업의 이중 구조도 큰 문제입니다. 전체 일자리의 8퍼센트 정도를 담당할 뿐인 대기업은 갈수록 성장하는 반면, 80퍼센트 이상을 담당하는 중소기업은 갈수록 사정이 어려워지고 있습니다. 게다가 대기업 일자리 증가세가 주춤하고 있고, 자영업자들은 무너지고 있습니다. 전체 고용 상황이 불안정해지고 있는 것이지요. 이는 대부분 사람들의 주머니 사정이 점점 나빠지고 있으며, 앞으로 나아질 가능성도 그리 높지 않다는 뜻으로 해석이 가능합니다.

부동산 소유의 이중 구조도 심각한 문제입니다. 도시 근로자 가구당 월평균 저축액이 80만 원이라고 했을 때, 서울에서 30평대 아파트를 마련하기 위해서는 50여 년이나 걸리는 것으로 집계됐습니다.

하지만 무엇보다 한국 사회의 가장 큰 문제는 미래의 주역인 청년들이 절망하고 있다는 사실입니다. 대학에 들어가기 위해서는 막대한 사교육비와 학비를 들이는 것은 물론이고, 꿈을 키울 시간을 온통 저당 잡히고 입시 공부에 매진해야 합니다. 그렇게 해서 대학에 입학한다고 다 끝나는 것도 아닙니다. 우선 대학등록금이 만만치 않습니다. 사립대 등록금이나 국립대 등록금이나 모두 세계에서 미국 다음으로 비쌉니다. 그런데 미국 대학생들은 70퍼센트가 국공립대학에 다니는 반면, 우리나라 대학생들은 80퍼센트가 사립대학에 다닙니다. 따라서 평균을 내보면 우리나라 대학생이 세계에서 가장 비싼 등록금을 내고 있는 셈이 됩니다. 이뿐 아니라 취업에 필요한 스펙을 쌓기 위해서는 대학생이 되어서도 여러 학원을 전전해야 하고 외국으로 어학연수도 떠나야 합니다. 대입 과외비만큼 비싼 취업 과외비를 들이고 있는 것입니다. 이렇게 비싼 비용을 들여서 대학을 졸업하지만 대부분의 젊은이들은 주변부 일자리로 편입되고 있습니다.

이런 사회 문제의 책임은 고스란히 사회 지도층에게 있습니다. 조선의 정조 임금은 "위에서 손해를 보고 아래가 이득이 되게 하라. 그것이 국가가 할 일이다."라고 말했습니다. "백성이 풍족하면 임금께서는 누구와 더불어 부족하며, 백성이 풍족하지 못하면 임금께서는 누구와 더불어 풍족하겠습니까?"라는 『논어』의 구절과 맥을 같이하는 말입니다. 200여년 전에 소득재분배에 대해 고민한 위정자가 이 땅에 있었다는 게 놀라울 따름입니다.

부처님은 무소유를 강조하셨습니다. 지금도 동남아시아에 가면 무소유를 실천하기 위해 걸식하는 스님들을 볼 수 있습니다. 스님들이 경제활동을 시작한 것은 불교가 중국으로 전래된 뒤의 일입니다. "하루 일하지 않으면 하루 먹지 않는다."라는 백장 스님 가르침 아래 스님들은 땀 흘려 일하게 됩니다. 사찰 내 식솔이 많아지다 보니 농사를 짓지 않을 수 없었던 것이지요. 그 덕에 걸식에 의존한 나머지 대중에게 부담을 주는 병폐는 막을 수 있었습니다.

그렇다고 농작 문화 전통이 무소유 계율 전통보다 낫다는 뜻은 아닙니다. 각기 서로 다른 사회·문화·경제 상황에 맞게 생겨난 사찰 내 전통일 뿐입니다. 중요한 건 무소유 계율 전통이나 농작 문화 전통이나 모두 나와 남을 나누지 않고 더불어 잘 사는 사회를 만들겠다는 의지의 산물이라는 점에 있습니다. 이렇게 사회 구성원 모두가 '나와 남은 다르지 않다'는 생각을 가진다면 경제의 구조적 문제는 절로 해결될 것입니다.

우리나라는 전 세계 어디에도 유례없는 짧은 기간에 근대화와 민주화를 이룩한 저력을 지녔습니다. 이 점을 가슴에 새겨 희망의 시대를 열어나가야 할 것입니다. 그러기 위해서는 사회 지도층의 리더십 변화가 선행돼야 합니다. 우리 사회에 필요한 리더십은 수직적인 리더십이 아니라 수평적인 리더십입니다. 노자는 『도덕경』에서 이렇게 말했습니다.

"가장 좋은 것은 물과 같다. 물은 아무와도 다투지 않고 무엇을 억지로 하는 법이 없다. 그러면서도 만물을 이롭게 한다. 물은 뭇 사람이 싫어하는 낮은 곳에 몸을 두려 한다. 그러므로 궁극적인 진리인 도와 그 성질이 비슷하다. 도를 터득한 사람은 물처럼 낮은 곳에 몸을 둔다. 그의 마음은 못과 같이 고요하다. 그는 베풀기를 좋아한다. 그는 헛말을 하지 않는다. 그는 억지로 바로잡고자 애쓰지 않는다. 그러면서도 가장 능률적으로 일하고, 가장 적절한 때에 움직인다."

물은 가장 낮은 곳으로 흐르기에 모든 것을 품어 안을 수 있습니다. 노자가 말한 물의 도(道)는 바로 불교에서 말하는 자비심과 같습니다.

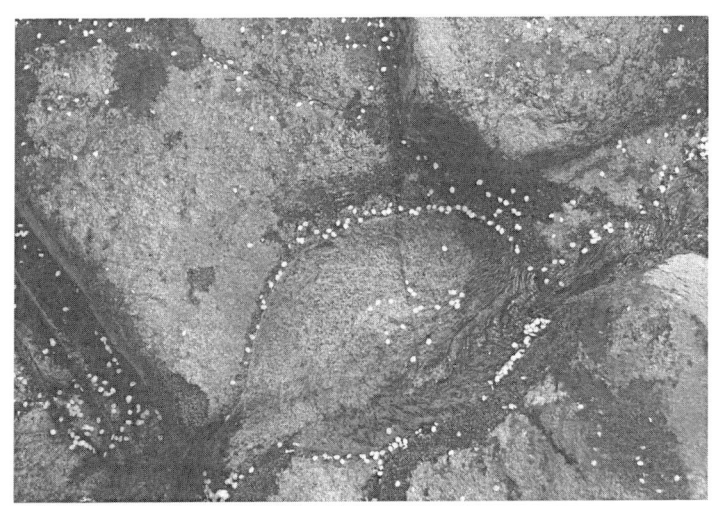

물은 가장 낮은 곳으로 흐르기에 모든 것을 품어 안을 수 있습니다.
노자가 말한 물의 도(道)는 바로 불교에서 말하는 자비심과 같습니다.

명품 사람이 된다는 것

태어날 때부터 귀한 사람과
천한 사람이 정해지는 게 아니오.
행위에 따라 천한 사람도 되고
귀한 사람도 되는 것이오.

『숫타니파타』에서

앞서 저는 제 가족의 마음을 치유했던 일을 상세히 말씀드린 바 있습니다. 그 과정에서 아버지는 가족에게 삼배를 해야 했습니다. 이는 제가 자비 명상 과정에서 곧잘 쓰는 방법입니다. 가족 대상 교육에서는 가장이 가족에게, 회사 대상 교육에서는 사장이 사원들에게, 학교 대상 교육에서는 교사가 학생들에게, 사찰 대상 교육에서는 주지 스님이 신도들에게 삼배를 올리게 합니다. 바로 수평적인 리더십을 실천하기 위해서입니다.

언젠가 동국대학교 불교대학장이자 불교대학원장인 법산 스님을 모시고 자비 명상을 진행한 적이 있는데, 이때도 저는 학인 스님들에게 삼배를 올리라고 법산 스님께 부탁드렸습니다. 법산 스님은 흔쾌히 학인 스님들에게 삼배를 올렸습니다. 제자들을 위해 자존심을 버릴 줄 아는 법산 스님이야말로 참된 스승의 모범이라는 생각이 들었습니다. 학인 스님들의 표정에는 법산 스님에 대한 존경심이 역력했습니다. 삼배를 마치고 법산 스님은 웃으면서 제게 말했습니다.

"내가 마가 스님 덕분에 아상(我相)의 한 껍질을 벗네."

'아상'이란 불교에서 말하는 일종의 헛된 생각입니다. 법산 스님의 말씀대로 지위라는 것은 그저 껍질에 지나지 않습니다.

『숫타니파타』에는 부처님이 귀한 사람과 천한 사람에 대해 하신 말씀이 실려 있습니다.

부처님이 사왓티 거리에 탁발을 나갔습니다. 불을 섬기는 바라문 바라드와자가 부처님이 멀리서 오는 것을 보고 말했습니다.

"엉터리 사문아, 거기 멈춰라. 이 천한 놈아, 거기 섰거라."

부처님은 바라문 바라드와자에게 말했습니다.

"바라문이여, 도대체 당신은 어떤 사람이 참으로 천한 사람인지 알고 있소? 또 사람을 천하게 만드는 조건이 무엇인지를 알고 있소?"

"나는 사람을 천하게 만드는 조건을 알지 못한다. 사람을 천하게 만드는 조건이 무엇인지 알 수 있도록 나에게 그 이치를 말해 보라."

"바라문이여, 그러면 주의 깊게 잘 들으시오. 화를 잘 내며 쉽게 원한을 마음에 품고 남의 미덕을 덮어버리고 음모를 꾸미는 사람, 생명을 해치고 동정심이 없는 사람, 마을을 파괴하는 것을 일삼아 독재자로 불리는 사람, 남의 재산을 훔치는 사람, 빚이 있어 돌려달라는 독촉을 받으면 '당신에게 언제 빚진 일이 있느냐.'

며 발뺌하는 사람, 행인을 살해하고 그의 물건을 약탈하는 사람, 증인으로 불려 나갔을 때 자기 이익을 위해 거짓 증언을 하는 사람, 친척이나 친구의 아내와 놀아나는 사람, 재산이 풍족하면서도 늙고 병든 부모를 모시지 않는 사람, 가족을 폭력으로 대하는 사람, 상대에게 불리하게 말하는 사람, 자기 잘못을 숨기는 사람, 남의 집에 가서 융숭한 대접을 받았으면서 그쪽에서 손님으로 왔을 때는 예의로 보답하지 않는 사람, 사문(沙門)에게 욕하고 먹을 것을 주지 않는 사람, 자기를 내세우느라 남을 무시하는 사람, 인덕이 없으면서 존경을 받으려 하는, 부끄러워할 줄 모르는 사람, 사문을 비방하는 사람, 이들이 바로 천한 사람이오. 그리고 깨닫지 않았으면서 성자라고 자칭하는 사람은 전 우주의 도둑이오. 그런 사람이야말로 가장 천한 사람이오. 태어날 때부터 귀한 사람과 천한 사람이 정해지는 게 아니오. 행위에 따라 천한 사람도 되고 귀한 사람도 되는 것이오."

부처님 말씀을 듣고 바라드와자가 말했습니다.

"훌륭한 말씀입니다. 마치 넘어진 사람을 일으켜주듯이, 덮인 것을 벗겨주듯이, 길 잃은 이에게 길을 가르쳐주듯이, '눈이 있는 사람은 빛을 볼 것이다.'라고 어둠 속에서 등불을 비춰주듯이, 고타마께서는 여러 가지 방편으로 진리를 밝혀주셨습니다."

부처님 말씀대로 태어날 때부터 그 사람의 귀천이 정해지는

것이 아닙니다. 그 사람의 행위에 따라 귀하고 천하고가 정해집
니다. 석가모니 부처님이 살아 계실 때 인도에는 4계급이 있었습
니다. 4계급은 신성의 권위를 갖고 있는 성직자 계급인 브라흐
만, 왕족인 크샤트리아, 평민 계급인 바이샤, 노예 계급인 수드라
로 나뉘어 있습니다. 근대 국가가 설립되기 전에는 어느 국가에
나 계급이 존재했습니다. 우리나라도 조선 시대에는 왕족, 양반,
평민, 노비로 계급이 나뉘어 있었습니다. 철저하게 계급이 나뉘
어 있는 시대에도 부처님은 사람의 귀천은 품행에 따라 정해진다
고 말씀했습니다. 그러니 계급이 사라진 지금 시대에는 더 말할
나위가 없겠지요. 그런데도 여전히 사람의 귀천을 그가 지닌 재
산으로만 평가하는 이들이 많습니다. 이는 일그러진 황금만능주
의의 자화상이 아닐 수 없습니다.

   제가 틱낫한 스님이 계시는 프랑스의 플럼빌리지에서 수행을
마치고 돌아올 때의 일입니다. 귀국 비행기가 도착하기까지 시간
여유가 있었는데 딱히 할 일도 없고 해서 파리의 유명한 가게들
을 구경한 적이 있습니다. 루이비통 매장에 들러서는 손수건 한
장을 50만 원씩이나 받는 것을 보고서 놀라지 않을 수 없었습니
다. 그때 저는 속으로 '명품 스님이 되어야겠다. 그러기 위해서는
먼저 명품 사람이 되어야겠다.'라고 다짐했습니다. '명품 사람'이
란 다름 아닌 더불어 살 줄 알고 자신이 지닌 것을 나눌 줄 아는

자비로운 사람입니다. 지금 이 순간 좋은 행동, 좋은 말, 좋은 생각을 하는 이가 바로 명품 사람인 것입니다.

『현우경』에는 '가난한 여인의 등불'에 대한 이야기가 전해져 내려옵니다.

밥을 빌어먹을 만큼 가난한 여인이 있었습니다. 그 여인이 사는 나라를 다스리던 파세나디 왕은 석 달 동안 부처님과 스님들을 지극정성으로 모셨습니다. 파세나디 왕이 수만 개의 등불을 밝혀 복을 비는 연등회를 연다는 소식을 듣고서 여인은 구걸해서 동전 두 닢을 마련했습니다. 그 돈으로 기름을 사러갔습니다. 부처님께 등불을 바치려 한다는 여인의 이야기를 듣고서 가게 주인이 기름을 곱절이나 주었습니다. 여인은 등불을 길목에 걸면서 간절히 기도했습니다.

"보잘것없는 등불이지만 이 공덕으로 다음 생에는 지혜의 광명을 얻어 모든 중생의 어둠을 없애게 해주십시오."

밤이 깊어지자 다른 등불은 다 꺼졌지만 여인의 등불만은 환하게 빛났습니다. 등불이 다 꺼지기 전에는 부처님이 주무시지 않을 것이므로, 부처님을 곁에서 모시던 아난다 존자는 등불을 끄려고 했습니다. 하지만 그 무엇으로도 등불을 끌 수 없었습니다. 부처님이 그 모습을 보고서 아난다 존자에게 말씀했습니다.

"불을 끄려고 하지 마라. 비록 가난하지만 마음 착한 여인이 정성 들여 켠 등불이므로 꺼지지 않을 것이다. 저 등불의 공덕으로 여인은 다음 생에 반드시 큰 깨달음을 이루리라."

이 말을 전해들은 파세나디 왕이 부처님께 여쭈었습니다.

"세존이시여, 저는 석 달 동안이나 부처님과 스님들께 큰 보시를 하고 수만 개의 등불을 켰습니다. 제게도 미래의 수기를 내려 주십시오."

이에 부처님은 이렇게 말씀했습니다.

"바른 깨달음은 때로는 하나의 보시로 얻을 수도 있지만, 때로는 수많은 보시로도 얻을 수 없습니다. 바른 깨달음을 얻으려면 먼저 이웃에게 복을 짓고, 선지식에게 배우고, 겸손하고, 남을 존경할 줄 알아야 합니다. 자신이 쌓은 공덕을 자랑해서는 안 됩니다. 이렇게 하면 훗날 반드시 바른 깨달음을 얻을 것입니다."

부처님 말씀을 듣고 왕은 속으로 부끄러워하며 물러갔습니다.

아무리 돈이면 무엇이든지 할 수 있는 황금만능 시대가 됐다고는 하지만, 여전히 부처님 법만큼은 청정함이 없이는 얻을 수 없습니다. 베푸는 이와 받는 이, 그리고 그 공덕물이 모두 청정했을 때 비로소 참된 공양이 되는 것입니다. 다시 한 번 강조하건대 복은 받는 게 아니라 짓는 것입니다.

행복
명상

오늘이란 흐름 속에 함께하는 이 자리가 행복합니다.
사물들을 볼 줄 아는 보배로운 눈이 있어 행복합니다.
향기로운 꽃향기를 맡을 수 있는 코가 있어 행복합니다.
이 세상과 소통하며 살 수 있는 귀가 있어 행복합니다.
시고 단 맛을 알아 기쁨 주는 혀가 있어 행복합니다.
마음을 표현할 수 있는 언어를 쓸 수 있어 행복합니다.
마음을 담을 수 있는 육신이 존재하여 행복합니다.
마음 작용을 할 수 있는 감각들이 살아 있어 행복합니다.
맑고 밝게 활짝 웃는 순수함을 갖고 있어서 행복합니다.
웃음으로 사랑을 전달하는 아름다움이 있어 행복합니다.
배려하여 편안함을 나눠주는 선행심이 있어 행복합니다.
느낌으로 일어난 것은 일시적임을 알게 되어 행복합니다.
감사하고 만족하는 마음을 갖고 있어 행복합니다.
자기 삶에 충실함이 널리 이익 됨을 알아 행복합니다.
지혜롭게 살아가는 가르침을 배우게 되어 행복합니다.
몸과 마음은 수시로 변한다는 것을 알게 되어 행복합니다.
모든 것은 변한다는 참된 진리를 알게 되어 행복합니다.
지금 일어나는 것을 아는 것이 지혜임을 알아 행복합니다.

무지에서 벗어나는 마음공부를 할 수 있어 행복합니다.
매 순간을 자각하는 것이 수행임을 알게 되어 행복합니다.
자신의 참모습을 알게 되는 이 시간이 더욱 행복합니다.
생로병사가 자연의 순리임을 알게 되어 행복합니다.
내일이라는 여유로운 시간이 있다는 것이 행복합니다.
집착하는 그 마음이 고통임을 알게 되어 행복합니다.
실패는 삶을 여물게 하는 과정임을 알게 되어 행복합니다.
밝은 세계로 인도하시는 스승님이 계시어 행복합니다.
아름다운 이 세상과 함께하는 인연이 있어 행복합니다.

말하기보다 듣기

성공이 행복의 열쇠가 아니라 행복이 성공의 열쇠이다.
자신의 일을 진심으로 사랑하는 사람이라면 그는 이미
성공한 사람이다. 가장 행복한 사람으로 찬양받을 만한 사람은
가장 많은 사람을 행복하게 해준 사람이다.

슈바이처 박사

브라질의 35대 대통령 룰라는 퇴임하면서 후임 대통령인 호세프에게 아래와 같이 조언했다고 합니다.

"심장에서 우러나오는 정치를 하라.
가난한 사람을 돌보라.
최선을 다해 민주주의를 실천하라."

다른 건 비교적 분명하게 이해되는데, "심장에서 우러나오는 정치"가 무엇인지는 조금 아리송합니다. 혹시 그게 뭔지 짐작이 가시나요? 저는 심장이 감성을 일컫는 게 아닐까 생각합니다. 이게 맞는다면 "심장에서 우러나오는 정치"는 '감성에 바탕을 둔 정치'가 되는데요, 이렇게 되면 '왜 이성이 아니라 감성에 바탕을 둔 정치를 해야 하는가?'라는 의문이 또 남습니다.

대체로 이성적인 사람은 다른 사람을 이해시키지만 감성적인 사람은 다른 사람을 감동시키는 경향이 있습니다. 물론 그 감성이 진실해야 한다는 단서가 붙지요. 룰라 대통령으로 말문을 열었으니 다시 룰라 대통령 이야기를 할까 합니다. 그가 걸어온 길을 보면 정치에서 왜 감성인지를 가슴으로 이해할 수 있거든요.

룰라 대통령은 대통령에 당선된 뒤 지방 도시를 순례했습니다. 브라질의 상황을 직접 눈으로 보기 위해서였습니다. 영토가 넓은 데다가 아마존 밀림이 있는 까닭에 룰라 대통령은 지방 도시 순례를 할 때 보트를 타는 등 온갖 교통수단을 다 이용해야 했습니다. 브라질 국민이 실로 무엇을 원하는지 알기 위해서 룰라 대통령은 재임 기간 8년 중 670일 이상을 지방 도시를 살펴보는 데 썼습니다. 이렇게 사람들 사는 모습을 직접 보면서 생활 현장의 목소리를 직접 들은 룰라 대통령이었기에 지지율이 87퍼센트까지 오를 수 있었을 것입니다. 룰라 대통령이 취임한 2003년에 브라질 인구는 1억 8천만 명이었습니다. 이 중에서 4천5백만 명이 1달러로 하루를 살아야 하는 극빈층이었습니다. 하지만 그가 퇴임할 무렵인 2010년에는 2천만 명이 가난에서 벗어나 중산층이 될 수 있었습니다.

룰라 대통령이 심장에서 우러나오는 정치를 할 수 있었던 것은 극빈층 출신인 대통령 자신의 경험을 가슴 깊이 간직하고 있었기 때문입니다. 룰라 대통령은 초등학교도 졸업하지 못했습니다. 한때는 거리를 떠도는 구두닦이 생활을 했다고 합니다. 하층민의 삶을 살아본 적 있는 룰라 대통령이었기에 하층민 입장에서 정치를 할 수 있었던 것입니다.

룰라 대통령 마음속에서 브라질 사람들은 모두 하나였습니다. 그중에 룰라 대통령 자신도 들어 있었음은 말할 필요도 없고요. 이렇게 '나와 너는 다르지 않다'는 생각이 마음속에서 싹텄을 때 참된 유대감을 얻을 수 있습니다.

국가별 권력간격지수(Power Distance Index)는 각 국가가 위계질서 혹은 권위를 얼마나 존중하는지 조사한 것입니다. 조사 결과 1위는 브라질, 2위는 우리나라, 3위는 모로코였습니다. 반면 권력간격지수가 가장 낮은 나라로는 미국이 꼽혔습니다. 권력간격지수는 민주주의에 반비례해 나온다고 할 수 있습니다. 1위와 2위를 한 브라질과 우리나라는 그만큼 민주주의가 덜 성숙했다는 뜻입니다. 대체 두 나라에서 어떤 일이 있었기에 이런 결과가 나왔을까요?

다른 공통점이 많겠지만 두 나라에서 모두 근현대에 군부독재가 이뤄졌다는 사실은 가볍게 넘길 일이 아닙니다. 군대에서는 어떤가요? 윗사람은 명령하고 아랫사람은 복종합니다. 군부독재 국가에서는 이런 군대 문화가 일반 사회에까지 널리 퍼져 있습니다. 권위주의의 전형적인 모습이지요. 사실 위 조사는 1970년대에 이뤄진 것입니다. 40여 년 전과 비교해 지금은 적지 않게 달라지긴 했지만 아직 우리나라에는 권위주의의 잔재가 많이 남아 있습니다. 표현 자유가 미흡한 것만 봐도 그렇습니다.

모든 민주주의 국가에서는 개인의 표현 자유를 보장합니다. 할 말은 할 수 있게 하는 것, 민주주의에서 그것보다 더 중요한 가치는 없습니다. 하여 저는 훌륭한 정치인은 국민의 말을 잘 듣는 이라고 생각합니다.

사람의 귀는 두 개인데 입은 하나입니다. 왜일까요? 만년에 공자는 이렇게 회고했습니다.

"나는 나이 열다섯에 학문에 뜻을 두었고, 서른에 뜻이 확고하게 섰으며, 마흔에는 미혹되지 않았고, 쉰에는 하늘의 명을 깨달아 알게 됐으며, 예순에는 남의 말을 듣기만 하면 곧 그 이치를 깨달아 이해하게 됐고, 일흔이 되어서는 무엇이든 하고 싶은 대로 하여도 법도에 어긋나지 않았다."

공자의 말에 연유하여 나이 예순을 일컬어 '이순(耳順)'이라고 합니다. 이순을 말 그대로 풀이하면 '귀가 순해진다'인데, '남의 말을 듣기만 하면 곧 그 이치를 깨달아 이해한다'는 의미를 담고 있습니다. 따라서 이순은 남의 말을 잘 듣는다는 뜻이기도 합니다.

"당신의 이야기를 기분 좋게 들어 드리겠습니다.
10분에 1달러."

미국의 한 청년이 낸 광고 문구입니다. 이 광고가 나간 지 수십 분 만에 신청이 쇄도해 청년은 단시간에 많은 수입을 얻었다고 합니다. 사람들은 대부분 남의 말을 듣는 것보다 자기 말을 하는 것을 더 좋아합니다. 일종의 지배 욕구랄까. 말로 인간관계에서 우위를 차지하고 싶은 거지요. 하지만 남의 말은 듣지 않고 자기 이야기만 떠드는 사람을 누가 좋아하겠습니까. 반면에 남의 이야기를 잘 들어주는 사람을 보면 오랜 친구라도 만난 것처럼 정겹습니다.

대화는 말하는 이와 듣는 이가 있어야 가능합니다. 만약 듣는 이가 없다면 그건 독백이나 넋두리에 지나지 않을 것입니다. 대화에서 말하기만큼이나 중요한 게 듣기입니다. 프로이트는 "표현 자체가 치료"라는 말을 했습니다. 실제로 정신과 의사들은 환자의 이야기를 들어주는 역할을 합니다. 그 자체가 환자의 치료에 도움이 되기 때문입니다.

저는 정치도 대화의 하나라고 생각합니다. 제 생각이 맞는다면, 말하기만 하는 정치인도 듣기만 하는 정치인도 모두 옳지 못

대화는 말하는 이와 듣는 이가 있어야 가능합니다.
만약 듣는 이가 없다면
그건 독백이나 넋두리에 지나지 않을 것입니다.

합니다. 하지만 말하기만 하는 정치인과 듣기만 하는 정치인 가운데 하나만 고르라면 저는 듣기만 하는 정치인을 고르겠습니다. 앞의 정치인이 수직적인 리더십을 지녔다면 뒤의 정치인은 수평적인 리더십을 지녔다고 볼 수 있고, 수평적인 리더십이야말로 지금 우리에게 간절한 것이기 때문입니다.

한국의 정치 지도자 가운데 수평적인 리더십을 지닌 인물로는 누구를 꼽을 수 있을까요? 저는 세종대왕이 떠오릅니다. 세종대왕은 세금 제도를 바꾸는 데 20년이 넘는 세월을 들였습니다. 초안을 만들고, 수정하고, 대신들과 논의에 논의를 거치고, 17만여 명의 백성들에게 찬반을 묻고, 지역별로 시험 운영을 한 다음 비로소 새로운 세금 제도인 '공법'을 제정했지요.

세종대왕이 공법을 제정하기 전에 백성들은 비합리적인 제도와 관리들의 수탈로 이중, 삼중의 고통을 받았습니다. 세금 제도 개혁은 시급한 과제였습니다. 하지만 세종대왕은 개혁을 결코 서두르지 않았습니다. 비리 없고 간편하며 공평한 제도를 완성하는 것이 무엇보다 중요했고, 중신들의 반대를 힘으로 누르기만 해서는 제도가 제대로 운영되기 힘들다는 것을 알았기 때문입니다. 그래서 세종대왕은 왕의 권위를 내세워 중신들의 반대를 물리치고 개혁안을 재빨리 강행하는 대신 이야기를 듣고 설득하는 지난한 과정을 거친 것입니다.

『정의란 무엇인가』라는 책으로 우리에게 알려진 마이클 샌델 교수는 균형 감각이 뛰어난 것으로 정평이 나 있습니다. 샌델 교수의 강의는 한 번에 1천여 명의 학생이 수강할 정도로 인기가 많습니다. 놀라운 것은 그렇게 많은 수강생을 두고도 토론 방식으로 강의가 진행된다는 사실입니다. 수업을 이끌어가는 샌델 교수의 조정 능력은 실로 탁월합니다. 자신의 질문에 학생이 의견을 내놓으면 주의 깊게 들었다가 재빨리 내용을 정리하여 청중에게 전달한 뒤, 그와 다른 의견을 묻거나 자신의 의견을 덧붙이는 방식으로 강의에 참석한 사람들 머릿속에서 문제의식이 계속 이어지게 합니다. 이렇게 묻고 듣고, 다시 묻고 듣는 식으로 커다란 강의실에 있는 모든 사람이 하나가 되어 생각을 키워나가는 모습은 경이롭기까지 합니다.

정계에 있든 경제계에 있든 학계에 있든 문화계에 있든, 리더라면 그 조직의 의견을 조율하는 능력을 지니고 있어야 합니다. 그리고 그 조직의 의견을 조율하려면 각 구성원의 다양한 의견에 귀를 기울여야 합니다. 동시에, 의견이 수렴되면 결단력 있게 일을 진행해나가야 합니다. 그 과정에서 실수를 하면 곧바로 사과할 줄도 알아야 하고요. 그게 바로 수평적 리더십의 덕목입니다.

최근에는 서번트 리더십(servant leadership)이라는 말이 유행입니다. 이게 무엇일까요? 힌트로 servant라는 영어 단어의 뜻이 '하인'임을 알려 드립니다. 짐작이 되시지요? 서번트 리더십은 '섬기는 리더십'입니다. 슈바이처 박사, 테레사 수녀, 마하트마 간디가 서번트 리더십을 실천한 대표적인 사람들입니다.

슈바이처 박사는 가장 행복한 사람에 대해 아래와 같이 정의했습니다.

"성공이 행복의 열쇠가 아니라 행복이 성공의 열쇠이다. 자신의 일을 진심으로 사랑하는 사람이라면 그는 이미 성공한 사람이다. 가장 행복한 사람으로 찬양받을 만한 사람은 가장 많은 사람을 행복하게 해준 사람이다."

서번트 리더십의 힘은 사랑에 뿌리를 두고 있습니다. 서번트 리더십을 지닌 이는 나보다 남을 먼저 생각합니다. 상대를 '부림의 대상'이 아니라 '섬김의 대상'으로 보기 때문입니다. 슈바이처 박사, 테레사 수녀, 마하트마 간디가 사람들을 섬겨서 말 그대로 '하인'이 되었습니까? 다들 알고 있듯이 그들은 인류사에 영원히 남을 위대한 리더로 기억되고 있습니다. 섬김을 받고 싶다면 상대를 먼저 섬겨야 한다는 것을 일깨워주는 대목입니다.

『잡아함경』에 나오는 내용을 소개하며 글을 마무리하겠습니다.

아수라왕이 말했다.

"내가 싸우지 않고 참는다면, 어리석은 사람들은 내가 잘못한 일이 있어 두렵기 때문에 참는다고 말할 것이다."

제석천왕이 말했다.

"어리석은 사람들이 그와 같이 말하든 말든, 그것이 바른 이치와 무슨 상관있는가? 그저 자기주장과 남의 주장을 살펴보아 양쪽이 모두 평화로움을 얻는다면 이것이야말로 가장 현명한 참음 아니겠는가?"

아수라왕이 다시 말했다.

"사나운 소가 사람을 받으려 할 때 몽둥이를 들어 억지로 길들이듯이, 어리석은 이는 무서운 매로 잘 다스려야 한다."

제석천왕이 말했다.

"나는 언제나 이치를 관찰해 어리석은 이를 다스린다. 울화가 치밀어도 자기를 잘 참아서, 유능한 마부가 달리는 말을 멈추듯이 한다."

부처님께서 이 일을 두고 다음과 같이 말했다.

"아수라왕의 말은 계속 싸움을 불러올 것이고, 제석천왕의 말은 영원히 싸움을 멈추게 할 것이다."

맨발로 걷자

"아난다, 부처님의 시신을 직접 뵙고 싶소."
"이미 다비 준비를 모두 마친 상태입니다."
"아난다, 부처님께 마지막 예배를 드릴 수 있게 해주시오."
"그건 곤란합니다."
"아난다, 꼭 뵙고 싶소."
"안됩니다."
모든 사람들의 시선이 두 사람에게 쏠리고
팽팽한 긴장감으로 주위는 싸늘했다.
잠시 고개를 숙였던 마하깟사빠는 사람들의 시선을
아랑곳하지 않고 시신이 모셔진 쪽으로 곧장 걸음을 옮겼다.
시신 주위를 빽빽이 에워싸고 있던 말라족이 허리를 숙였고,
두꺼운 얼음이 쪼개지듯 길이 열렸다.
향나무로 쌓은 높은 단 아래까지 온 마하깟사빠가
걸음을 멈추자 튼튼한 철곽이 철커덩 소리를 내며
저절로 열렸다.
그리고 황금 관 밖으로 부처님께서 두 발을 내미셨다.

외마디로 터지는 군중들의 탄성을 뒤로하고
마하깟사빠는 조용히 그 발아래 예배하였다.

『부처님의 생애』(조계종출판사, 2010)에서

부처님이 열반에 드신 지 7일째 되는 날, 부처님 다비가 진행됩니다. 그런데 어찌된 일인지 장작에 불을 붙여도 이내 꺼질 뿐 불길이 오르지 않았습니다. 바로 이때, 길을 떠났던 마하카사파가 눈물과 먼지로 범벅이 되어 도착합니다. 부처님께 예배하고 싶었지만 관 속에 드신 부처님의 머리와 발 자리를 알지 못해 마하카사파가 안타까워하던 순간, 부처님이 황금 관 밖으로 두 발을 내미셨습니다. 마하카사파의 예배가 끝난 후 비로소 다비가 진행됩니다.

이 장면을 그려낸 시인이 있습니다. 제가 진행하는 프로그램의 담당 프로듀서인 문태준 시인입니다. 「맨발」이라는 시에서 문 시인은 어물전 개조개에서 부처님 맨발을 떠올립니다. 이내 부처님 맨발은 가족을 위해 "부르튼 맨발로 양식을 탁발하러 거리로" 나온 가장의 모습으로 이어집니다. 「맨발」을 읽으면, 맨발로 가르침을 전하러 길 위에 선 부처님 모습과 가족의 생계를 위해 고난을 자처하는 가장의 모습이 겹쳐서 떠오릅니다. 삶이 곧 수행이라는 깨달음이 가슴 저미게 다가옵니다.

'맨발'은 신발을 신지 않은 자연 그대로의 발입니다. 자연의 구성원들은 인간 말고는 모두 맨발입니다. 문명의 이로움을 경험하지 못한 존재들은 온몸으로 자연을 견뎌야 합니다. 따라서 맨발의 사람에게는 시간이 참으로 더디게 흐를 수밖에 없습니다. 그들에게는 비바람과 불, 산과 바다, 식물과 동물마저도 두려움의 대상입니다.

저는 걷기 명상을 지도하면서 인간은 맨발일 수밖에 없다는 사실을 깨달았습니다. 하여 걷기 명상을 할 때는 맨발로 걸으면서 발바닥에 닿는 대지의 온기를 그대로 느끼고 있습니다. 걷기 명상을 시작하게 된 것은 최일도 목사의 영향이 컸습니다. 최일도 목사가 운영하는 다일공동체의 '밥퍼' 봉사에 참가하면서부터 걷기 명상으로 세상에 회향해야겠다고 생각했기 때문입니다.

밥퍼 봉사는 말 그대로 어려운 이웃에게 밥을 주는 봉사입니다. 23년간 밥퍼 봉사를 했다는 최일도 목사의 말을 듣고서 저는 잠시 아연해졌습니다. 영양실조로 청량리역 광장에 쓰러진 한 노인에게 설렁탕을 사준 일을 계기로 최일도 목사는 밥퍼 봉사를 시작했다고 하더군요. 당시 최일도 목사는 신학을 배우기 위해서 독일로 유학을 가려고 준비하던 신학생이었다고 합니다. 그런데 청운의 꿈을 접고 밥퍼 봉사에 매진했습니다. 최일도 목사에게는 어려운 이웃에게 한 끼니 양식을 주는 게 제 꿈을 이루는 것보다 더 절실했던 것이지요.

이 이야기를 듣고서 최일도 목사가 예수님처럼 보였습니다. 같은 성직자로서, '내 도량이 생기면 세상에 제대로 부처님 은혜를 갚겠다.'고 막연하게만 생각해왔던 저 자신이 부끄러웠습니다. 그러자 부처님 은혜를 갚는 데 반드시 도량이 필요한 것은 아니라는 생각이 들었습니다. 세상이 다 도량이라는 마음을 지녔더니 제가 할 일이 떠오르더군요. 바로 걷기 명상이었습니다. '사람은 누구나 걷지 않는가? 걷기 명상을 지도해보자.' 그런 생각에 2010년 4월부터 서울 남산에서 걷기 명상을 지도하기 시작했습니다.

걷기 명상의 궁극 목적은 '지금 이 순간, 깨어 있는 것'입니다.

걷기 명상을 지도하면서 저는 마음속으로 대지를 우러러보지 않을 수 없었습니다. 어쩌면 걷기 명상 장소가 남산이어서 자연의 소중함이 더욱 절실하게 다가왔는지도 모르겠습니다. 도심 한가운데 있는 터라 남산에서는 자연과 문명, 산과 도시의 차이를 십분 비교할 수 있었으니까요.

특히 봄날의 걷기 명상은 살아 있다는 것이 얼마나 축복된 일인지 일깨워주기에 충분했습니다. 개나리, 진달래, 철쭉 등 알록달록 피어 있는 봄꽃들의 향연은 물감을 엎어 놓은 것 같았고, 귓

바퀴에 파고드는 새소리는 마음속 찌꺼기를 떨쳐버리기에 부족함이 없었습니다. 코끝에 스쳐가는 진한 흙냄새는 고향 집에 돌아온 것만 같은 착각을 불러일으켰고, 맨발로 흙길을 밟을 때는 고단한 하루를 마치고 터벅터벅 일터에서 집으로 돌아오는 우리 선조들의 모습이 눈앞에 스쳐갔습니다. 걸을 수 있기에 인류는 양손으로 도구를 만들 수 있었습니다. 어쩌면 인간은 자연과 문명 사이에 놓인 존재인지도 모릅니다. 자연과 이어주는 발과 문명을 만들어내는 손을 한 몸에 모두 지니고 있으니까요.

그런데 신발을 신으면서 인류는 자연과 갈라서기 시작했습니다. 산과 바다, 논과 강을 떠나서 도시로 모여들었고, 도시에는 공장이 세워졌습니다. 아스팔트 도로가 깔리고 자동차가 그 길을 차지했습니다. 자동차 속력을 올리듯 인류는 문명의 속도를 높였습니다. 이제는 휴대전화기를 갖고 다니면서 언제든 원하기만 하면 지구촌 거의 모든 지역 사람들과 이야기를 나눌 수 있게 됐습니다. 이렇게 모든 게 빨라진 속에서 인류는 문명의 속도에 정신을 빼앗겨 우리의 고향인 자연을 점점 잊어가고 있습니다.

현대인에게는 속도가 경쟁의 척도가 됐습니다. 스마트폰이나 태블릿PC의 성능을 평가할 때도 속도가 중요한 기준이 되었습니다. 사람도 기계와 마찬가지로 얼마나 빨리 승진하는가를 놓고 경쟁하고 있습니다. 그런데 여기서 우리가 주목해야 하는 점이 하나 있습니다. 사람들이 이 속도 경쟁을 부담스러워하면서도 한편으로는 그 속도가 주는 쾌감을 즐기고 있다는 사실입니다.

현대 사회를 말할 때 과거에 비해 '시공간이 압축된 사회'라는 표현을 자주 씁니다. 지금은 지구 반대편까지 가는 데 하루가 채 걸리지도 않고, 수천 킬로미터 떨어진 곳에 있는 친구 얼굴을 화면을 통해 실시간으로 볼 수 있기도 합니다. 한마디로 전 지구가 생활권이 된 것이지요. 과거에는 우리의 경험이 몸이 주는 한계에 갇혀 있었다면, 지금은 기술이 우리 몸을 지구 전체, 아니 우주까지 뻗어나가도록 해줬습니다. 그 덕에, 작가 밀란 쿤데라의 말처럼 현대인은 "기술 혁명이 인간에게 선사한 엑스터시"인 속도에 몰입해서 더 빨리 달리기를 욕망합니다.

이렇게 순발력을 원하는 현대 사회에서는 장거리 선수보다는 단거리 선수가 유리합니다. 설령 점진적으로 업무 능력이 향상된다고 해도 손이 느린 사람은 업무 평가에서 낙제를 면하기 어렵습니다. 하지만 인생은 단거리 경주가 아닙니다. 인생이라는 마라톤에서는 마지막까지 승자를 알 수 없습니다.

다산 정약용은 제자들 중 가장 더디고 느렸던 황상에게 이런 조언을 했습니다.

"한마디만 던져주면 금세 말귀를 알아듣는 사람들은 곱씹지 않으므로 깊이가 없지. 둔한 끝으로 구멍을 뚫기는 힘들어도 일단 뚫고 나면 웬만해서는 막히지 않는 큰 구멍이 뚫릴 게다."

정약용의 말은 빠른 게 좋은 것만은 아니라는 사실을 일깨워줍니다. '봄꽃도 한때'라는 속담이 있습니다. 진달래나 철쭉은 봄이 오자마자 서로 다투어 꽃을 피우지만 화려한 빛깔에 비해 향기가 엷습니다. 그 화려함도 잠시, 금세 꽃잎들이 화르르 흩어지지요. 반면 오랜 세월을 견디어 피어난 국화는 꽃도 오래가고 향기도 그윽합니다.

북미 인디언들은 말을 타고 달려가는 도중 가끔씩 멈춰 서서 뒤를 돌아보곤 했다 합니다. 이를 의아하게 여긴 한 서양인이 물었더니, 말이 너무 빨라 자신의 영혼이 뒤쫓아 오지 못할까봐 기다리느라 그랬다고 답했다 합니다. 앞을 향해 달려가다가도 문득 멈춰서 돌아보는 인디언처럼 때로는 쉬어가면서 자신을 돌아볼 줄 알았으면 합니다. 그래야 속도에 휘둘려 자기 삶의 방향을 잃는 일이 줄어들 테니까요.

가파른 산길을 올라갈 때 조금 더 수월하게 가는 방법은 산을 직선으로 올라가는 게 아니라 지그재그로 오르는 것입니다. 이렇게 산을 오르면 하체에 실리는 체중 부담을 덜어줄 수 있어서 쉬이 산을 탈 수 있습니다. 누구나 지름길을 원하지만 너무 빠르게만 가면 금세 지치고 주변을 돌아볼 수 없습니다.

  정상에 먼저 오르려고 애쓰기보다는 천천히 더 많은 풍경을 보면서 걸어가는 게 등산의 참맛입니다. 그래서 등산을 즐기는 사람들은 등산 대회를 좋아하지 않는다고 합니다. 얼마나 빨리 오르느냐에 집착하다 보면 나무와 꽃이 뿜는 향기도, 새들이 지저귀는 소리도, 바람의 숨결도 느낄 수 없기 때문입니다. 목표에만 집착하면 과정의 즐거움을 망각하기 쉽습니다.

  여기서 우리가 주목해야 할 것은 빠름과 느림은 상대적일 수밖에 없다는 사실입니다. 여러분이 무인도에서 혼자 산다고 상상해보세요. 대체 무엇에 빗대어 빠름과 느림을 판단할 것인가요? 무인도에 있는 모든 것은 그저 제 속도로 움직일 따름입니다. 그곳에서는 빠르게 움직이고자 하는 어떤 의도도 찾아볼 수 없습니다. 빠름에 대한 동경은 우리 마음속에서 일어난 탐욕에 가깝습니다. 그에 비해 느림은 그 탐욕을 참고 견디었을 때 찾아오는 것이므로 인욕(忍辱)에 가깝다고 할 수 있습니다. 탐욕과 인욕은 큰 차이를 보입니다. 탐욕은 또 다른 탐욕을 낳지만, 인욕은 자비를 낳기 때문입니다.

걷기
명상

아침이나 저녁 중 때를 정해 가까운 산이나 호젓한 산책로로
나갑니다.

밖에서 걷기 명상을 할 때는 보통 때보다 조금 더 느리게 걸으면서
숨과 발걸음을 조화시킵니다.

하나, 둘, 셋. 세 걸음을 걸으면서 세 번 숨을 들이쉽니다.

다시 하나, 둘, 셋. 세 걸음을 내딛으면서 세 번 숨을 내쉽니다.

'들이쉬기, 들이쉬기, 들이쉬기', '내쉬기, 내쉬기, 내쉬기'라고 말해도
좋습니다.

꼭 세 걸음에 숨을 맞출 필요는 없습니다.
세 걸음이 무리가 된다면 두 걸음에 숨을 맞춰도 되고,
세 걸음에 숨이 남는다면 네 걸음에 숨을 맞춰도 됩니다.
들숨과 날숨의 길이가 반드시 같아야 하는 것도 아닙니다.

발바닥에 마음을 모아 집중하고
발이 지면에 닿는 느낌을 알아차립니다.
걸음에 집중하고 걸음 속에 느껴지는 모든 감각에 집중하면
잡념은 사라지고 온전히 지금 여기 한 걸음씩 나아가고 있는
자신에게 집중할 수 있게 됩니다.

품격 있는 집 짓기

밤은 깊은데 그대 아니 오고
새들 잠드니 온 산이 고요하다.
소나무 사이로 달이 꽃밭에 내리니
붉고 푸른 그림자 온 뜰에 가득하다.

휴정 스님

최근 한 출판사에서 제게 헨리 데이비드 소로의 『월든』에 대한 추천 글을 써달라고 했습니다. 하여 다시 한 번 『월든』을 읽었습니다. 『월든』을 처음 읽은 건 법정 스님의 무소유 사상을 심화해준 책이라는 말을 듣고서였습니다. 오랜만에 다시 『월든』을 읽고 나니 왜 법정 스님이 그토록 이 책을 사랑했는지 알 것 같았습니다.

'월든'은 미국 보스턴 근처의 호수 이름입니다. 폭이 800미터에 둘레가 3킬로미터쯤 되고, 면적은 25만 제곱미터에 조금 못 미치는지라 장대한 규모로 사람들을 감동시키는 호수는 아닙니다. 오히려 조금 심심해 보이는지, 소로조차 "오랫동안 자주 찾은 사람이나 호숫가에 살았던 사람이 아니라면 별로 흥미를 품을 거리도 없다."고 말할 정도입니다.

하지만 살짝 솟아오른 소나무와 떡갈나무 숲 언덕 한가운데 고여 있는 월든 호수의 모습에서 소로는 '영원한 고요'를 체험하고 있습니다. 구름이 내리는 비와 햇빛과 바람에 실려 가는 물방울 외에는 물이 들어오고 나가는 바 없는 맑고 깊고 잔잔한 초록 호수를 바라보며, 소로는 "숲 한가운데서 영원히 솟아오르는 샘"을 떠올립니다.

소로는 월든 호숫가에 직접 오두막을 짓고 1845년 7월부터 1847년 9월까지 홀로 살았다고 합니다. 그 경험담을 담은 에세이가 바로 『월든』입니다. 이 책에서 소로가 말하고 싶었던 것은 단순합니다.

"내가 해 뜨는 것을 도울 수야 없었지만, 해가 뜰 때 그 모습을 지켜봤다는 사실만큼 중요한 게 있겠는가."

자연과 함께하는 삶을 소로는 말하고 있습니다. 선사들이 남긴 수많은 시들의 주제도 이와 다르지 않습니다. 자연으로 돌아가라는 것이지요.

인류 문명이 발달해 비행선이 우주 공간을 날아다니는 세상이 됐지만, 해와 달과 별이 뜨고 지고, 비와 눈이 내리고, 바람이 불고, 꽃이 피고, 새가 우는 자연의 법칙은 사람의 힘으로 어쩌지 못하고 있습니다. 자연은 인류가 태어난 곳이자 돌아갈 곳입니다. 하지만 인류는 자연을 개발 대상으로만 생각해왔습니다. 이는 대자연 어머니에 대한 예의가 아닙니다. 소로는 『월든』에서 인류의 소비 중심 의식주 문화를 비판하고 있는데요, 지구를 욕망 충족 대상으로만 여기는 인류의 일원이라는 자각이 들어 아마 대자연 어머니에게 많이 죄송했던 모양입니다.

자연의 구성원 중 옷을 입는 것은 인간밖에 없습니다. 『성경』 창세기에는 흥미로운 이야기가 실려 있는데요, 아담과 이브가 선악과를 먹은 뒤 수치심을 느끼고 나무 이파리로 몸을 가리는 내용입니다. 이 장면을 불교의 눈으로 해석하면, 선악과를 먹은 뒤 아담과 이브에게 분별하는 마음이 생긴 것으로 볼 수 있습니다. 분별하는 마음이 생겨나면 그 뒤에 따르는 게 무엇입니까? 옳음과 그름, 아름다움과 추함을 판단하기 시작합니다. 사실은 그렇게 나눌 만한 것이 없는데 말이죠.

아무튼 그런 판단에 입각해 인류는 자연에서 유일하게 옷을 입는 구성원이 되었고, 자신을 자연과는 다른 존재로 인식하기 시작했습니다. 그 옷이 이제는 욕망의 대상이 되어 사람들은 끊임없이 옷을 사대고 있습니다. 가진 옷이 멀쩡한데도 말이죠. 만약 인간이 옷을 입기 전처럼 자신을 자연의 구성원이라고 생각했다면 어땠을까요? 적어도 옷 과소비로 인한 생태계 파괴가 지금처럼 심각하지는 않았을 것입니다.

인간의 욕망은 자연을 파괴할 뿐만 아니라 인류의 삶마저도 파괴합니다. 더 좋은 옷을 입고 싶은 부자의 욕망을 채워주기 위

폐판자와 헌 창문 두 짝, 중고 벽돌 1천 장, 석회 두 통으로 지었다는
소로의 집은 비록 허름했지만,
그 안에 사는 이의 고매한 인품으로 말미암아
그 어느 저택에 뒤지지 않는 품격을 지녔습니다.

해 가난한 사람들이 더 나쁜 환경에서 더 많은 일로 내몰리고 있습니다. "한 계급의 호화로운 생활은 다른 계급이 궁핍하게 생활해야만 균형이 맞춰지는 것 아니던가. 한쪽에 궁전이 있으면, 다른 편에는 구빈원과 침묵하는 빈자가 있을 수밖에 없다. 파라오의 무덤이 될 피라미드를 쌓아 올렸던 수많은 이집트 백성은 억지로 마늘을 먹도록 강요당했다. 무덤은커녕 조촐한 장례조차 치르지 못했을 것이 분명하다. 오늘날에도 궁전의 처마 돌림띠를 마무리하는 석공은 밤이면 원주민의 천막집보다 전혀 나을 게 없는 오두막으로 돌아간다."라고 소로는 탄식하고 있습니다.

그렇다면 이러한 인류 문명의 폐해를 막을 길은 무엇일까요? 욕망은 더 많은 욕망을 양산하지만, 만족할 줄 알면 욕망의 불길을 끌 수 있습니다. "우리는 왜 늘 더 많은 것을 얻으려고만 애쓸 뿐, 적은 것에 만족하는 법을 배우려 하지 않을까?"라는 소로의 말을 되새길 필요가 있습니다.

폐판자와 헌 창문 두 짝, 중고 벽돌 1천 장, 석회 두 통으로 지었다는 소로의 집은 비록 허름했지만, 그 안에 사는 이의 고매한 인품으로 말미암아 그 어느 저택에 뒤지지 않는 품격을 지녔습니다. 게다가 월든 호수까지 배경으로 있으니 소로의 마음은 얼마나 풍요로웠을까요.

법정 스님은 월든 호숫가를 두 번 방문하셨다고 합니다. 저도 언젠가 기회가 닿아 보스턴에 가게 된다면 월든 호숫가를 거닐어 보고 싶습니다. 그리고 "우리의 삶에 비해 더 아름다우며, 우리의 성정보다 더 투명한" 월든 호수에 해가 비치는 모습을 유심히 바라보고 싶습니다.

배고픔에 담긴 지혜

이 음식이 어디서 왔는가
내 덕행으로 받기가 부끄럽네.
마음의 온갖 욕심 버리고
육신을 지탱하는 약으로 알아
깨달음을 이루고자 공양을 받습니다.

「오관게」

언젠가부터 저는 음식을 받을 때마다
「오관게」를 암송하게 됐습니다. 사람이 붐비는 시내 식당에서도
「오관게」를 암송하는 일만은 빼먹지 않고 있습니다. 가장 손쉽게
부처님 법을 실천할 수 있는 길인 까닭도 있지만, 쌀 한 톨이 제 입
까지 오는 과정을 새삼 마음속에 각인하기 위해서이기도 합니다.

　'일미칠근(一米七斤)'이라는 말이 있습니다. 쌀 한 톨에 농부의
땀이 일곱 근이나 들어 있다는 뜻입니다. 농부만 벼를 키운 게 아
닙니다. 벼가 뿌리 내릴 수 있도록 한 흙과, 벼에 수분을 공급해
준 비와, 벼가 양분을 만들 수 있도록 내리쬔 햇살이 있었기에 쌀
한 톨이 제 입으로 들어올 수 있었습니다. 따라서 쌀은 인간과 대
자연의 합작품입니다. 숭고한 노동이 빚은 예술품입니다.

　불교에서는 주는 행위 일체를 일컬어 '공양'이라고 합니다. 밥
먹는 것 또한 몸에 생명력을 주는 것이므로 공양입니다. 부처님
이 깨달음을 얻은 후 최초의 공양을 받을 때 사천왕이 돌그릇을
각기 하나씩 부처님께 드렸고, 부처님은 이 발우 네 개를 포개어

사용했다고 합니다. 그 후 제자들도 부처님을 따라 발우 네 개를 써서 공양을 하는 전통이 생겨났습니다.

나무 그릇인 발우는, 성불을 이루기 위한 약으로 꼭 필요한 만큼의 음식을 담는 그릇을 일컫습니다. 따라서 발우공양은 단순한 식사법이 아니라 거룩한 의식이자 수행의 한 과정입니다. 그런 까닭에 발우공양을 법공양(法供養)이라고도 부릅니다. 스님들은 발우공양을 하면서 부처님의 가르침과 불제자로서 살겠다는 서원을 되새깁니다.

이러한 발우공양에는 크게 다섯 가지 사상이 담겨 있습니다.

첫째는 평등 사상입니다. 지위의 높고 낮음을 막론하고 모두가 차별 없이 똑같이 나누어 먹기 때문입니다.

둘째는 청결 사상입니다. 각자 먹을 음식만 발우에 덜어 먹기 때문입니다.

셋째는 청빈 사상입니다. 자신이 받은 음식을 조금도 남겨서는 안 되기 때문입니다. 공양 후에는 그릇 씻은 물까지 마셔 쓰레기를 만들지 않는다는 점에서 생태주의 사상도 깃들어 있습니다.

넷째는 공동체 사상입니다. 대중이 같은 곳에서 같은 때에 한 솥에서 만들어진 음식을 들기 때문입니다.

다섯째는 복덕 사상입니다. 음식이 만들어지기까지 고생한 분들의 노고에 감사하고 자신의 소임을 다하겠다고 맹세하기 때문입니다.

　발우공양을 할 때 외우는 게송은 곳곳마다 조금씩 다르기도 하지만, 부처님 공덕을 찬탄하고, 공양물에 깃든 은혜에 감사하고, 자기 수행을 돌아보며 반성하고, 공양을 받은 인연으로 탐욕과 화와 어리석음을 끊어, 마침내 불도를 이루어 널리 중생에게 보답하리라는 각오를 새롭게 다지는 것만은 모두 같습니다.

　발우공양을 들 때 가장 중요한 것은 자신이 음식을 먹고 있다는 사실을 자각하는 것입니다. 여기서 중요한 것은 음식을 씹을 때는 씹기만 하고, 음식을 집을 때는 집기만 해야 한다는 것입니다. 한 번에 여러 동작을 해서는 자신의 마음 상태가 어떠한지 알아차릴 수 없습니다.

　흔히 사람들은 식사 때 허겁지겁 먹기에 바쁩니다. 혀끝에 군침이 고이면 저절로 양손이 분주해집니다. 한 손으로는 젓가락으로 반찬을 집고, 다른 손으로는 숟가락에 놓인 밥을 입 안에 넣고, 입은 연신 씹느라 바쁜 모습을 보고 있노라면 아귀가 따로 없다는 생각이 듭니다. 한 번에 한 가지 동작을 해야 음식을 탐하는 마음을 줄일 수 있고 음식의 고유한 맛을 느낄 수 있습니다. 이렇게 천천히 식사를 해야 건강에도 좋습니다.

　사찰에서는 음식을 만드는 과정도 수행의 연장선으로 여기고 있습니다. 스님들은 예비 승려 과정이라고 할 수 있는 행자 시절에 땔감 구하기부터 반찬 만들기, 국 끓이기, 밥 짓기까지 다양한 역할을 두루 거칩니다. 이는 오래전부터 자리 잡은 전통입니다. 일련의 과정을 거치면서 스님들은 부처님께 머리 조아려 공양을 올릴 수 있는 지중한 마음을 키우게 됩니다.

몇 년 전 미국산 소고기 수입이 논란이 된 적이 있습니다. 미국산 소고기가 광우병에서 안전하지 못하다고 여긴 사람들이 정부의 수입 허가 방침에 들고 일어난 사건이었습니다. 저는 그 논란이 정리되는 모습을 보면서 마음 한편이 쓸쓸했습니다. 현대의 육식 문화가 지니고 있는 문제점을 지적하는 데까지는 성공했지만, 사람들이 육식 문화를 깊이 반성하는 데까지는 나아가지 않았기 때문입니다.

광우병은 왜 생겨났습니까? 학계에서는 초식동물인 소에게 동물 내장을 먹였기 때문에 광우병이 일어났다고 보고 있습니다. 고기를 더 빨리 더 많이 얻기 위해서 소에게 고기를 먹인 것입니다. 어떻게 초식동물에게 고기를 먹일 수 있는지, 그 발상 자체가 놀라울 따름입니다.

피터 싱어와 짐 메이슨이 같이 쓴 『죽음의 밥상』은 이 시대의 성찬이 죽음의 밥상에 지나지 않는다는 사실을 일깨워주는 책입니다. 이 책의 옮긴이는 이렇게 말합니다.

"먹을거리가 흔치 않았던 과거라면 어쩔 수 없었을지 모른다. '사람은 동물성 단백질을 섭취해야 건강을 유지할 수 있다'는 잘못된 영양학이 풍미할 때라면 또 모른다. 그러나 지금 오로지 남의 살을 씹고 삼키는 맛과 재미를 위하여, 동물을 먹어도 될까? 우리와 똑같이 고통을 느끼는 존재를 가두고, 때리고, 피를 뽑고, 목을 잘라도 될까? …… 끊임없이 젖을 짜낼 수 있도록 젖소를 쉴 새 없이 강제 임신시킨 다음, 송아지가 태어나자마자 어미에게서 빼앗고는 곧바로 죽여버려도 되는 걸까? 빼앗긴 새끼를 찾아 슬피 울며 발을 구르는 어미 소의 절규를, 자동차 엔진에서 어쩌다 덜덜거리는 소리가 나는 정도로 생각해버려도 좋을까?"

이 글은 '살육됐다고 의심이 되는 고기'는 먹지 말라는 붓다의 가르침을 떠올리게 합니다.

자연 상태에서 동물은 언제나 배가 고플 수밖에 없습니다. 심지어 먹이사슬의 최상위 포식자인 호랑이나 사자 같은 맹수조차도 허기를 면할 수는 없습니다. 자연의 구성원 중 유일하게 배고픔에서 자유로울 수 있는 것은 인간뿐입니다. 하지만 인류는 마구잡이식 자연 개발의 부메랑으로 날아온 환경문제 때문에 생존 자체를 위협받고 있습니다.

요즘 미국 뉴욕에서는 불교식 식사법이 인기를 끌고 있다고 합니다. 불교식 식사법이란 입 안의 음식은 될 수 있는 대로 많이 씹고, 음식을 먹는 동안에는 옆 사람과 이야기하는 것을 삼가며 식사에만 집중하는 것을 일컫습니다. 우리 사찰에서 하는 발우공양과 다를 바가 없는 식사법입니다.

자본주의의 메카인 미국 뉴욕에서 불교식 식사법이 유행한다는 것은 시사하는 바가 제법 큽니다. 요즘 사람들은 식도락을 즐긴다는 명목으로 음식 버리는 일을 예사로 여기고 있습니다. 이런 상황에서 불교식 식사법의 유행은 소비를 조장하는 현대 식문화에 대한 반성에서 나온 것이라고 해석될 수 있습니다.

제가 공양의 참뜻을 깨달은 것은 미얀마의 마하시 선원에서 수행하면서였습니다. 오전 8시가 되면 출가자 100여 명이 일렬로 서서 마을을 도는데, 그 광경이 실로 장관입니다. 홍염(紅焰)을 발산하는 아침 해를 배경으로 길게 늘어선 출가자들의 모습은 석가모니 부처님이 이 세상에 계실 때 승가 공동체의 모습을 떠올리게 할 만큼 숭고합니다. 탁발의 신호로 행렬의 선두에서 종을 치는데, 그 종소리가 아침 공기를 가릅니다. 종소리에 맞춰 마을 주민들이 미리 준비한 공양물을 들고서 자신의 집 앞으로 나옵니다. 공손하게 합장한 뒤 공양물을 건네는 주민들을 보고 있으면

'저 공양물을 받아먹고서 정진하지 않으면 그 인과를 어떻게 갚을 것인가?' 하는 마음이 절로 납니다.

틱낫한 스님과 함께 자기 마음을 들여다보는 시간을 가진 적도 있는데, 이때도 가장 기억에 남는 것은 탁발이었습니다. 틱낫한 스님이 고국인 베트남에서 탁발을 했는데, 스님을 필두로 발우를 들고 늘어선 대중의 모습은 밥이 담긴 발우에 모든 평화가 깃들어 있음을 일깨워주기에 충분했습니다. 기나긴 수행 여정 끝에 고향으로 돌아온 틱낫한 스님의 모습에서는 어떤 숭고함마저도 느낄 수 있었습니다. 그 모습을 지켜보면서 저는 각기 모든 생명체의 삶을 지탱해주는 공양물의 순환, 그 둥근 원을 떠올렸고 대자연의 일원으로 살아 있다는 게 행복했습니다.

티베트 아이들이 달라이 라마 존자에게 물었다고 합니다.

"존자님은 어떤 음식이 제일 맛있었나요?"

달라이 라마 존자는 잠시 생각한 뒤 답했습니다.

"배고플 때 먹었던 음식이 제일 맛이 좋았다."

달라이 라마 존자의 이야기는 고단한 하루를 마치고 가족들과 함께 둥근 밥상에 앉아 먹는 한 끼의 저녁 식사가 바로 최상의 만찬이라는 사실을 일깨워줍니다.

밥 한 그릇을 돌아보기

앞에 밥 한 그릇이 놓여 있다고 상상합니다.
밥은 수많은 과정을 거쳐서 우리에게 왔습니다.

밥이 우리에게 오기까지 도움을 준 것들을 떠올립니다.
비, 햇살, 흙, 모내기부터 추수까지 구슬땀을 흘린 농부,
그리고 밥을 정성껏 지은 이를 상상합니다.

우리 삶도 마찬가지입니다.
누군가의 도움 없이 살아갈 수 없습니다.

지금껏 살아오면서 자신에게 영향을 끼친 사람들을 떠올립니다.
정다운 이도 떠오를 것이고, 미운 사람도 떠오를 것입니다.
그 사람들도 아침, 점심, 저녁 하루 세끼 식사를 한다고
생각해봅니다.
그들도 우리와 마찬가지로 누군가의 도움 없이는 살 수 없는 존재
라는 사실을 깨닫게 될 것입니다.

3장

내가
누구인지를
안다는 것

자기 자신에게
박　수　를

마음이 세상 어느 곳을 찾아다녀도
자기보다 사랑스러운 사람을 찾지 못하듯,
다른 사람에게도 그 자신은 사랑스러우니
자신을 위해 남을 해쳐서는 안 되리.

『상윳따니까야』 1권 「말리까의 경」에서

매미가 자지러지게 울고 송진 타는 여름날, 길 위에서 선교 활동을 펼치는 기독교인을 만났습니다. 그녀는 길을 걷고 있는 제게 다가와 막무가내로 말을 걸어왔습니다.

"스님은 참 불쌍한 사람이고, 절에 다니는 사람들도 마찬가지입니다."

얼토당토않을 뿐만 아니라 무례한 말이기도 해서 듣기에 거북했습니다. 하지만 직선을 이기는 게 곡선이라는 생각에 저는 그녀가 건네는 유인물을 받으면서 웃음으로 답했습니다.

"불쌍한 저를 위해 기도를 부탁드립니다. 감사합니다."

그렇게 자리를 떠났습니다. 그런데 며칠 뒤 그녀가 던진 말이 다시금 머릿속에 떠오르는 일이 일어났습니다. 법회를 마치고 두 신도 분이 싸우는 모습을 보고서였습니다. 놀라운 것은 싸우는 신도 가운데 한 명은 그 누구보다도 열심히 기도하는 이였다는 사실입니다. 점잖게만 보였던 그 신도가 앞뒤 없이 욕설을 퍼부어대며 악다구니를 부리는 통에 일순간 사찰은 아수라장이 됐습니다. 그 광경을 보면서 저는 맹목적으로 불상에 대고 절을 올리는 이는 실로 불쌍하다는 생각을 갖게 됐습니다.

불교인들은 불상 앞에 몸을 최대한 낮춰 절합니다. 아마도 길에서 만난 기독교인에게는 절하는 불교인들의 모습이 불쌍하게 보였을 테지요. 어쩌면 우상숭배로 보였을지도 모릅니다. 이유야 어찌되었든 제게 불쌍하다고 말한 기독교인은 불교인들이 절을 올리면서 겸손함을 배운다는 사실을 몰랐을 것입니다.

하지만 곱씹어 생각해 보면 그녀의 말에도 일리가 있습니다. 많은 불교인들이 불상에만 극진한 마음으로 절을 하고 공양물을 올리기 때문입니다. 임제 스님은 "어느 상황에서나 주인이 되라."고 말했습니다. 아울러 "부처를 최고의 목표로 삼지 마라. 내가 보기에 부처는 한낱 오물 단지와 같다."고 덧붙였습니다. 임제 스님이 부처님을 오물 단지에 비교한 이유는 자신을 옥죄는 모든 것에서 단호히 벗어나야 함을 강조하기 위해서였습니다.

불교인의 궁극 목적은 부처님을 믿는 데 있지 않고 스스로 부처님이 되는 데 있습니다. 따지고 보면 이 세상의 모든 사람은 완성되지 않은 부처님입니다. 따라서 부처님 앞에 있는 것처럼 극진한 마음으로 다른 사람을 대해야 합니다.

『조당집』에 실린 일화를 들려 드리겠습니다.

단하 스님이 혜림사에 묵던 어느 날이었습니다. 날씨가 매우

추워지자 단하 스님은 불전에 목불(나무로 조각한 부처님상)이 있는 것을 보고는 가져다 쪼개서 불을 피웠습니다. 이를 본 주지가 깜짝 놀라며 꾸짖었습니다.

"어째서 부처님을 태우는 것이오?"

그러자 단하 스님이 주장자로 재를 헤치면서 말했습니다.

"사리를 얻으려고 태운다네."

주지가 물었습니다.

"목불에 무슨 사리가 있다는 것이오?"

단하 스님이 말했습니다.

"이 목불에서 사리가 안 나오면 양쪽에 있는 부처를 마저 가져다 태워야겠네."

엄밀히 말하면 단하 스님이 태운 것은 부처님이 아니라 부처님 형상을 한 나무입니다. 부처님 가르침은 불상에 있는 게 아닙니다.

불상 앞에서 절을 올리는 까닭이 무엇입니까? 가르침을 주신 부처님께 감사의 마음을 전하기 위함입니다. 아울러 부처님의 가르침을 실천하겠다는 의지를 다지는 것이기도 합니다. 그런데 미련한 사람들은 자신의 행복만을 기원합니다. 부처님께 이것저것 달라고 떼만 씁니다.

사찰에 놓인 돈 넣는 함을 일컬어 복전(福田)함이라고 합니다.

왜 시주함이나 보시함이라고 부르지 않고 복전함이라고 하는 것일까요? 말 그대로 복을 짓는 함이기 때문입니다. 흔히 우리는 새해에 "복 많이 받으세요."라고 인사말을 건넵니다. 하지만 복은 그냥 받을 수 있는 게 아닙니다. 공덕을 쌓았을 때 비로소 받을 수 있는 것입니다. 따라서 새해 인사는 "새해 복 많이 지으세요."라고 바뀌어야 합니다. 또한 우리의 기도도 바뀌어야 합니다. "부처님, 제게 복을 많이 주십시오."가 아니라 "부처님, 제가 복을 많이 받기 위해서 지금부터 ○○○을 실천하겠습니다."라고 해야 합니다.

엄밀히 말하면 복은 받는 게 아니라 나누어 주는 것입니다. 더불어 살 수밖에 없는 세상이기에 복을 바라는 것조차도 온전히 개인의 몫일 수 없습니다. 이런 사실을 모르기 때문에 실컷 부처님께 절을 올리고서도 다른 신도와 말다툼을 벌이는 일이 발생하는 것입니다.

사찰을 다른 말로는 절이라고 합니다. 재밌는 것은 절은 절을 올리는 곳이라는 사실입니다. 저는 강연에서 곧잘 절은 연습실과 같다고 말합니다. 절에서 연습한 뒤에는 집으로 돌아가서 실전에 응용해야 합니다. 따라서 법당에서는 마음속에 침전돼 있는 모든 나쁜 감정을 내려놓아야 합니다. 감정이 북받친다면 울어도 좋습니다. 자비로운 부처님 앞이기에 실컷 울음을 쏟아도 괜찮습니다. 서러운 눈물을 쏟고 나서 부처님을 올려다보십시오. 인자하게 웃고 계시는 그 모습을. 그렇게 슬픔은 내려놓고 기쁨을 서원하는 곳이 바로 절입니다. 대신 등불처럼 환히 빛나는 부처님 가르침만큼은 가슴에 아로새겨서 돌아가야 합니다. 그리고 집에서는 절에서 서원했던 것을 곧바로 실천에 옮겨야 합니다.

언뜻 보면, 화가 많은 이가 강한 사람처럼 보입니다. 하지만 화가 많은 이는 실제로는 나약하기 짝이 없습니다. 언젠가 톨스토이 책을 읽다가 밑줄 친 문장에도 이 통찰이 담겨 있습니다. "분노는 나약함의 증거이지 힘의 증거가 아니라는 것을 인식하지 않으면 안 된다."

부처님은 많은 불교 경전을 통해 분노를 경계하라고 말씀했습니다. 부처님은 자비가 분노를 이긴다는 사실을 누구보다도 잘 알고 있었습니다. 부처님은 전생에 자신의 몸을 벤 가리왕을 미워하지 않았습니다. 마디마디 저미는 아픔을 겪었음에도 부처님은 가리왕을 원망하지 않았습니다. 어떤 경우라도 분노를 일으키는 일은 수행자의 자세가 아니라고 믿으셨기 때문입니다. 베푸는 것만큼이나 중요한 것은 잘 참는 것입니다. 분노하지 않고 성내지 않고 비난하지 않는 마음. 그 속에 지혜로운 사람이 되는 길이 있습니다.

사람의 말이란 양날의 칼과 같습니다. 상대방의 가슴에 비수를 꽂기도 하고, 상대방의 가슴에서 꽃을 피우기도 합니다. 말은 그 사람의 인격입니다.『법구비유경』에는 이런 구절이 있습니다.

"나쁜 말과 꾸짖는 말로 잘난 체 뽐내면서 함부로 남을 업신여기면 미움과 원한이 움을 튼다. 공손한 말과 부드러운 말씨로 남을 높이고 공경하며 맺힘을 풀고 욕됨을 참으면 미움과 원한은 저절로 사라진다. 무릇 사람이 이 세상에 날 때 그 입 안에 도끼가 생겨 그로써 제 몸을 찍나니 그것은 악한 말 때문이다."

함부로 남에게 욕설을 퍼붓는 이는 자신이 내뱉은 말이 부메랑이 되어 돌아온다는 것을 모릅니다. 행동거지도 마찬가지입니다. 불행한 사람은 행동이 거칩니다. 반면 행복한 사람은 행동이 부드럽습니다. 남을 비난하려고 하지 말고 칭찬하려고 애써봅시다. 단점을 보려고 하지 말고 장점을 보려고 애써봅시다. 화를 내기 전에 위로의 말을 건넵시다. 내가 만나는 모든 사람이 부처님이라고 생각한다면 그다지 어려운 일은 아닐 것입니다.

행복은 그다지 먼 곳에 있는 것이 아닙니다. 지금 이 순간 살아 있음에 감사하면 행복은 절로 깃들게 됩니다. 많은 이가 욕망과 행복이 같은 의미인 줄 알고 있습니다. 하지만 엄밀히 말해서 욕망과 행복은 반비례합니다. 마음이 시키는 대로 하는 사람은 마음의 노예입니다. 마음의 주인은 지금 이 순간 자신의 마음을 잘 살필 줄 아는 사람입니다.

부처님 앞에 서서 '저 부처님은 못생겼다.'라고 생각하는 이는 없을 것입니다. 부처님은 존귀하기 때문입니다. 이 세상의 모든 존재는 부처님처럼 존귀합니다. 그러니 자기 자신에게도 부처님 대우를 해주세요. 자신의 긍정적인 면을 찾아낼수록 행복지수가 높아집니다. 만나는 사람 모두에게도 부처님 대우를 해주십시오. 내가 먼저 웃을 때 집과 회사와 사회에 웃음꽃이 피어난다는 사실을 가슴에 새기십시오. 행복을 바란다면 먼저 행복한 웃음을 머금어보십시오. 흔히 웃을 일이 없어 웃질 못한다고 말하지만, 사실 웃는 일에도 연습이 필요합니다. 미소 짓는 연습을 자주 해야 작은 일에도 환하게 웃을 수 있습니다. 자비의 마음 역시 나누고 베풀면서 키워가야 합니다. 자비로운 마음이 바로 행복으로 가는 지름길입니다.

우리 모두를 위해 박수를 칩시다. 걸음마를 뗀 뒤부터 아이는 박수치기를 좋아합니다. 작은 일에도 부모가 박수를 쳐주기 때문입니다. 사소한 행동 하나에도, 이를테면 검지와 중지를 펴서 제 나이가 두 살이라고 가리키거나, '엄마'나 '아빠'라는 말을 하고 나서도 아이는 박수를 칩니다. 이 박수는 자기 자신에게 바치는 것이라고 할 수 있습니다. 어린아이의 박수 소리에는 긍정의 힘이 실려 있습니다.

  아무런 약효가 없는 약도 몸에 좋은 약이라고 믿고 먹으면 건강이 좋아진다고 합니다. 이를 일컬어 플라세보 효과라고 합니다. 이처럼 우리 마음의 힘은 위대합니다. 이제 막 돌이 지난 아이의 마음이 되어 박수를 치고, 그 아이의 부모 심정으로 박수를 받아주는 세상이 된다면 얼마나 좋을까 하는 생각을 해봅니다.

불안감
다스리기

공포와 불안을 다스리는 호흡법은 멈추고, 풀고, 여는 것입니다.

무언가 공포감을 불러오는 생각이 일어나면 즉시 멈춥니다.
그리고 내가 실제의 내가 아님을 알아차립니다.
좋고 나쁨을 판단하기보다는 자비로운 마음을 유지합니다.
이렇게 1~3초간 호흡을 멈춥니다.
마음 상태에 따라 더 오래 멈춰도 됩니다.
그러나 너무 오래 생각을 멈추면
다른 생각이 찾아들어 그것에 갇히게 되니 주의해야 합니다.

생각을 3초간 관찰한 뒤에는 몸을 편안하게 풀어줍니다.
그때 자기 신체감각의 변화를 느낍니다.
숨을 깊이 쉬어도 좋습니다.
그동안 근심스러운 생각이 느껴질 때면 몸을 긴장해왔습니다.
그 긴장의 순간에 몸을 편안하게 풀어준다면
마음도 따라 편안해질 수 있습니다.
생각에서 놓여났다, 자유로워졌다는 느낌이 들 때까지
몸을 편안히 풀어줍니다.

생각을 멈추고 몸을 풀어주는 과정을 몇 번씩 되풀이해도 좋습니다.

이제 몸이 편안히 풀어졌으면 마음을 열고 바깥 풍경과 소리에 귀 기울입니다.
불안한 생각이 비워진 마음은 훨씬 넓고 또렷해져서 무엇이든지 더 잘 보고, 더 잘 듣고, 더 잘 이해할 수 있을 것입니다.

가장 좋은 스승은
바 로   나

나는 특별한 재능을 갖고 있지 않습니다.
오직 열정으로 가득 찬 호기심을 갖고 있을 뿐입니다.

아인슈타인

'공부'는 '학문이나 기술을 배우고 익히는 것'을 일컫는 말입니다. 그런데 공부를 학습 혹은 기술 습득이라고 정의하자니 어딘지 모르게 미진한 느낌이 듭니다. 어쩌면 유교 전통 때문인지도 모르겠습니다. 공자는 『논어』에서 "배우기만 하고 생각하지 않으면 얻는 것이 없고, 생각만 하고 배우지 않으면 위태롭다."라고 말했습니다. 단순히 무언가를 습득하는 데서 그치지 말고 배운 바를 곱씹고 또 곱씹어서 인격을 닦는 데까지 이르라는 말입니다.

유학의 최종 목적은 인격 수양을 바탕으로 사회에 기여하는 데 있습니다. 이와 달리 실리를 중시하는 이 시대에는 공부의 목적이 출세에 있는 것 같습니다. 인격 수양과 출세 가운데 무엇이 더 나은 가치인지를 묻는 질문에 정답은 없습니다만, 제게 둘 중 하나를 택하라면 저는 인격 수양을 고르겠습니다.

'공부(工夫)'의 중국어 발음은 쿵푸(kung fu)입니다. 중국어를 모르는 한국인이라면 '쿵푸'라는 말을 들었을 때 책상에 앉아서 책을 읽는 공부보다는 홍콩 영화에 나오는 무술 영웅들을 떠올릴 것입니다. 영화 속 영웅들이 선보이는 도저히 따라 할 수 없을 것 같은 몸놀림과 엄청난 위력의 타격을 보노라면, 그 경지에 이르기까지 흘린 땀의 양을 가늠하기조차 힘듭니다. 그런데 무술은 몸으로만 익히는 것일까요? 애니메이션 〈쿵푸 팬더〉 2편을 보면 무술도 실은 공부임을 알 수 있습니다.

1편에서 악당 타이렁을 물리치고 용의 전사가 된 팬더 '포'에게 스승 '시푸'는 내면의 평화를 다스리라는 준엄한 가르침을 내립니다. 그러나 한입에 만두를 수십 개나 집어삼키는 포에게는 스승의 말이 소 귀에 경 읽기일 수밖에 없습니다. 그러던 중 악당 '셴'의 일당이 포와 무적 5인방이 지키고 있는 평화의 계곡에 쳐들어오는 사건이 발생합니다. 잃어버렸던 기억이 하나둘 떠오르며 자기가 누구인지 고민하던 포는, 셴과 싸우는 도중 친엄마와 헤어지며 겪은 충격이 떠올라 대결에서도 지고 마음도 혼란에 빠져 괴로워합니다. 이를 알아챈 셴은 포의 약점을 파고들지만, 포는 위기를 극복한 끝에 내면의 평화를 다스리라는 스승의 가르침이 뭘 말하는지 깨닫게 됩니다. 그건 바로 자신의 마음을 바로 보고 욕망의 그릇을 비우는 것이었습니다. 결국 포와 무적 5인방은 셴의 무리와 싸워서 이깁니다.

진정한 공부는 '자기 정체성을 찾아가는 여정'인지도 모르겠습니다. 그래서 저는 공부가 마라톤과 같다고 생각합니다. 긴 안목에서 보면 마라톤에서 최고의 적은 경쟁하는 선수가 아니라 자기 자신입니다. 42.195킬로미터를 달리는 마라톤에서는 결승점에 다다를 때까지 심신의 피로를 극복한 사람만이 좋은 성적을 거둘 수 있기 때문입니다.

한국을 대표하는 마라토너 이봉주 선수의 예를 한번 볼까요. 그의 별명은 '늦깎이 마라토너'입니다. 가난한 집안 형편 때문에 고등학교를 세 번이나 옮겨야 했기에 육상선수 등록 4년 만인 스무 살이 되어서야 마라톤 인생을 시작할 수 있었기 때문입니다. 이봉주 선수에게도 슬럼프는 있었습니다. 그는 당시를 이렇게 돌아봅니다.

"아무런 희망도 자신감도 없었고, 한없는 무력감에 빠져들었다."

뛰는 것만이 행복이었던 그에게 뛰는 것 자체가 고역으로 다가왔던 것입니다. 하지만 이봉주 선수는 슬럼프를 이겨냈습니다. "아무도 나를 구해주지 못했다. 결국 나 스스로 깨우쳐야 한다는 것, 나 스스로 이겨내 홀로 서야 한다는 것을 혹독하게 깨달았다."라는 그의 말을 들으면 가슴 한편이 뭉클합니다.

슬럼프를 이겨낸 뒤 그는 승승장구했습니다. 1996년 애틀랜타 올림픽에서 이봉주 선수는 은메달을 차지했습니다. 3초 차로

금메달을 놓친 게 두고두고 아쉬웠던지, 이봉주 선수는 넉 달 뒤 후쿠오카 마라톤에서 남아프리카공화국의 조시아 투과니를 막판에 제치고 우승을 차지합니다. 하지만 또 한 번의 시련이 닥쳤습니다. 1999년 자신이 몸담고 있던 소속사가 선수들에게 부당하게 처우하는 것을 보고서 소속사를 탈퇴한 것입니다. 이봉주 선수는 충남 보령 여관방에서 홀로 지내면서 묵묵히 훈련을 했습니다. 그 결과 이듬해인 2000년 2월 도쿄 마라톤에서 2시간 7분 20초의 한국 신기록을 세웁니다.

이봉주 선수의 마라톤 인생에서 무엇을 느끼셨나요? 왜 제가 공부를 마라톤에 비유했는지 짐작이 가시나요? 공부든 마라톤이든 멈추지 않고 가는 것이 중요합니다. 만약 이봉주 선수가 마라톤을 늦게 시작했다고 지레 풀죽어 있었거나, 슬럼프에 빠졌을 때 마라톤을 포기했거나, 소속사를 나왔을 때 여관방에 머물며 홀로 훈련하지 않았다면 오늘날 우리가 그의 이름을 기억하고 있을까요? 그보다 먼저 이봉주 선수 자신이 스스로의 삶에 만족할 수 있었을까요?

히로나카 헤이스케는 『학문의 즐거움』에서 "어떤 문제에 부딪히면 나는 미리 남보다 시간을 두세 곱절 더 투자할 각오를 한다. 그것이야말로 평범한 두뇌를 가진 내가 할 수 있는 유일한 방법이기 때문이다."라고 말했습니다. 그는 대학 시절 수학 재능이 뛰어난 동기들을 보고서 자신이 지극히 평범한 사람임을 깨달았다고 합니다. 하지만 그는 자신이 범부라는 사실에 좌절하지 않고 한계를 극복하기 위해 끊임없이 노력해 세계적인 수학자가 됩니다.

저는 공부하는 데 끈기만큼이나 중요한 게 호기심이라고 생각합니다. 만유인력을 발견한 뉴턴도, 상대성이론을 발표한 아인슈타인도 둘째라면 서러워할 만큼 호기심이 많았습니다.

"나는 특별한 재능을 갖고 있지 않습니다. 오직 열정으로 가득 찬 호기심을 갖고 있을 뿐입니다."

이 말을 한 아인슈타인은 1895년 열여섯 살 때 일생에서 가장 중요한 생각을 하게 됩니다. '자전거를 타고 빛과 함께 달린다면 어떨까?' 하는 상상이었습니다. 허무맹랑하기 짝이 없는 아인슈타인의 호기심이 없었다면 가히 혁명적 발상이라고 할 수 있는 상대성이론은 발표되지 않았을 것입니다.

뉴턴 역시 마찬가지여서 '사과가 왜 나무에서 떨어지는 것일까?'라는, 보통 사람이라면 당연히 여기고 넘어갈 현상에 대해 질문을 던지고 파고들기 시작했습니다. 그 결과 만유인력 법칙이 세상에 태어났습니다.

호기심이 많았다는 점 외에도 뉴턴과 아인슈타인 사이에는 공통점이 더 있습니다. 우선 둘 다 집중력이 뛰어났습니다. 뉴턴

인생이라는 길의 가장 좋은 길잡이는
자신의 바른 마음가짐일 수밖에 없습니다.

이 계란을 삶으려다가 끓는 물에 계란 대신 시계를 넣은 일은 너무도 유명한 일화입니다. 연구에 몰두한 나머지 그런 실수를 한 것이지요.

1920년대 초 아인슈타인은 극심한 인플레이션으로 경제가 어려워진 독일에 살고 있었습니다. 이런 아인슈타인을 걱정해 미국에 사는 지인들이 아인슈타인에게 수표를 보냈습니다. 그런데 몇 주가 지나도록 아인슈타인에게서 답장이 없었습니다. 아인슈타인 신상에 문제가 생긴 건 아닐까 걱정을 참지 못한 한 지인이 아인슈타인의 부인에게 전보를 쳤고, 전보를 받은 부인은 아인슈타인이 읽고 있는 책장 사이에 수표가 끼워져 있는 것을 발견했습니다. 아인슈타인은 연구에 몰두한 나머지 수표를 받은 사실조차 망각했던 것입니다.

그 둘의 공통점이 또 하나 있는데요, 저능아에 지나지 않았지만 세계적인 인물이 됐다는 것입니다. 뉴턴은 유복자로 태어났습니다. 그나마 어머니가 재혼을 해 세 살부터 외할머니 밑에서 자라야 했습니다. 학교 성적도 좋지 않아 왕따 취급을 받았지만 뒤늦게 공부에 재미를 붙인 뒤 1등을 놓치지 않았습니다. 네 살이 되어서야 말문이 열린 아인슈타인도 여덟 살까지 저능아 취급을 받았습니다. 초등학교 1학년 담임선생님이 아무런 기적이나 업적을 기대할 수 없다고 하면서 면학 분위기를 망치므로 등교하지 말라고 당부할 정도였습니다.

다시 한 번 강조하는데, 공부는 마라톤입니다. 인생 역시 그렇습니다. 당장이라도 주저앉고 싶더라도 한 발 한 발 걸음을 떼어야 합니다. 그래야 결승점에 닿을 수 있습니다.

"자신을 등불로 삼고 법을 등불로 삼으며
다른 것을 등불로 삼지 마라.
자신을 귀의처로 삼고 법을 귀의처로 삼으며
다른 것을 귀의처로 삼지 마라."

부처님 말씀처럼 인생에서 가장 좋은 공부는 자신이 누구인지 깨닫는 것입니다. 그리고 인생 공부에서 가장 좋은 스승은 바로 자신입니다. 그런 까닭에 인생이라는 길의 가장 좋은 길잡이는 자신의 바른 마음가짐일 수밖에 없습니다.

마음 청소

마음은 사람을 그르치기도 하고, 몸을 죽게 만들기도 하고,
아라한도 되게 하고, 천신도 되게 하고, 사람도 되게 하고,
짐승으로 나게도 하고, 지옥에 있게도 하고, 아귀도 되게 하니,
형상을 만드는 것은 모두 마음이 이루는 것이다.

『불반니원경』에서

저는 자비 명상을 지도하면서 곧잘 정주를 사용합니다. 정주는 명상에 쓰는 사발 크기의 종으로, 놋 덩어리를 며칠씩 망치로 두들겨서 만듭니다. 그래야 소리가 맑아진다고 합니다. 아닌 게 아니라 명상을 시작할 때와 마칠 때 정주를 울리면 더운 여름날 시원한 물 한 사발을 마셨을 때처럼 청량감이 밀려옵니다.

저는 정주를 울릴 때마다 소리의 파장에 놀라곤 합니다. 손바닥만 한 오목한 그릇이 빚어낸 청아한 소리와 긴 여음은 대체 어디서 나오는 걸까요? 저는 오목하게 비어 있는 공간에 비밀이 있다고 봅니다. 정주가 그 맑은 공간에 소리를 담았다가 은은하게 덜어내는 것이겠지요. 어쩌면 비움으로써 충만할 수 있다는 진리를 정주가 몸소 보여주고 있는지도 모르겠습니다.

저는 행복도 이와 비슷하다고 생각합니다. 자신을 비워야 행복이 깃들 수 있는 것입니다. 괴로움은 마음에서 비롯됩니다. 어떤 대상에게 공포를 느낀다든지, 누군가에게 억압당하는 느낌이 든다든지, 누구를 시기하거나 질투한다든지 하는 불쾌한 감정은 그 대상이나 사람에 대해 이전에 품었던 마음을 고수하려는 데서 옵니다. 하지만 세상의 모든 것은 시시때때로 변합니다. 우리가 공포나 질투나 시기를 느꼈던 대상이나 사람 역시 계속 변하고 있습니다. 지금은 예전의 그 물건이나 사람이 아니란 뜻입니다. 그러니 과거의 감정을 이제는 더 이상 붙들고 있을 근거가 없는 것이지요. 단지 우리가 이 사실을 모르거나 거부하며 스스로 불행을 만들고 있을 뿐입니다. 만약 지나간 감정에 더 이상 매달려 있지 않는다면 그 감정들은 사라질 것이고, 이렇게 비워진 마음에 사랑하고 소중히 여겨야 할 것들이 하나둘 자리를 잡아갈 것입니다.

그런데 이렇게 하기가 녹록한 일은 아닙니다. 우리가 대개 자기를 지나치게 사랑하기 때문입니다. 자기를 지키려고 자기 생각을 꽉 붙들다 보면 탐욕과 분노와 어리석음에 갇혀 오도 가도 못하는 처지에 빠지게 됩니다. 마치 복잡한 도시의 빌딩 숲에서 길을 잃는 것과 비슷한 꼴입니다.

그런데 주말에 산에 오르면 어떤가요? 도시가 한눈에 들어옵니다. 높게만 보였던 빌딩도 낮아 보이고, 복잡하기만 했던 길도 단순하게 보이지요. 눈을 가렸던 높은 건물과 꽉 막힌 도로는 불편한 게 아닌 그저 도시를 이루고 있는 요소에 불과한 게 됩니다. 시야가 넓어지니 모든 있는 것들을 자연스럽게 받아들이는 것입니다.

달리 말해 다름을 인정하게 됩니다. 다름을 인정하다 보면 나와 남이 동등하다는 진실을 깨닫게 됩니다. 그리하여 이 세상의 모든 존재가 서로 기대고 있다는 사실을 알게 됩니다. 이렇게 되면 사람과 모든 살아 있는 것들뿐 아니라 생명이 없는 것들에 대해서도 지극한 자비심을 갖게 됩니다.

자기애에서 비롯된 탐욕, 분노, 어리석음을 버린 후에야 있는 그대로 세상을 바라볼 수 있습니다. 청명한 가을날의 연못을 떠올려보십시오. 그 연못에는 파란 하늘과 연못 주변에 서 있는 아름드리 굵은 나무와 바람에 흔들리는 나뭇가지가 모두 담겨 있습니다.

대학원에서 종교문화학을 전공하다 보니 저는 많은 이웃 종교인을 만날 수 있었습니다. 그들의 이야기를 들어보니 세상에는 사이비 종교가 참으로 많더군요. 사이비 종교와 진짜 종교의 차이는 윤리관이 있느냐 없느냐에 달려 있습니다. 진짜 종교는 타자에 대한 연민을 가르치지만, 사이비 종교는 사행심만 부추깁니다. 그런데 유심히 생각해보면 사행심은 '나는 특별하다'라는 착각에서 비롯된 것임을 알 수 있습니다. 그런 까닭에 사행심을 부추기는 교리로 사람들을 속이는 사이비 종교도 문제이지만, 얼토당토않은 삿된 교리에 넘어가는 사람들도 문제가 있습니다. 이에 대해 부처님이 하신 말씀이 있습니다.

어느 날 부처님께 한 마을의 촌장이 찾아와 물었습니다.

"서쪽 지방의 브라만들은 죽은 사람을 직접 들어 올려 이름을 부르고 하늘나라로 인도합니다. 부처님께서도 사람들이 죽은 후에 좋은 곳에 태어나게 할 수 있습니까?"

이에 부처님은 이렇게 답했습니다.

"커다란 돌을 강물에 던져 넣고 많은 사람들이 모여서 기도하며 '착한 돌멩이야 떠올라라.'라고 하면 그 돌멩이가 물가로 떠오르겠느냐?"

영원히 죽지 않고 사는 것은 모든 인간의 바람일 것입니다. 하지만 태어나서 늙고 병들어 죽는 것을 피했던 이는 동서고금을 막론하고 이 세상에 없습니다. 이집트의 왕들은 사후세계에 살 피라미드를 건설했지만 그들의 육신은 미라가 됐습니다. 중국 최초로 통일 국가를 만든 진시황제는 신하에게 불로초를 찾게 했지만 죽어서 무덤의 한 줌 흙으로 돌아갔습니다.

불교에는 '지족'이라는 말이 있습니다. 이 말은 사전에 '분수를 지켜 만족할 줄 아는 것'이라고 풀이되어 있습니다. 흥미로운 것은 극락세계 중 하나인 도솔천의 어원이 지족이라는 사실입니다. 도솔천에는 스스로 만족할 줄 아는 사람들이 모여 산다고 합니다. 그러니까 이 세상의 모든 이가 분수를 지켜 만족할 줄 안다면 지구촌이 바로 도솔천이 되는 것입니다.

자비 명상을 지도하면서 제가 피부로 느낀 것 중 하나는 자기애가 큰 사람일수록 수행이 늘지 않는다는 것이었습니다. 자비 명상 과정에서는 남을 칭찬하는 훈련을 시킵니다. 이때 참가자들은 'A의 어떤 점은 B처럼 어떠하다. 그래서 나는(혹은 내 마음은) 어떠하다.'라는 공식에 맞게 말해야 합니다. 가령 "마가 스님의 얼굴은 장동건처럼 잘생겼다. 그래서 내 마음이 두근거렸다."라고 말하면 됩니다. 물론 농담입니다. 이 훈련이 몸에 익으면 오감(五感)을 사실 그대로 느낄 수 있게 됩니다. 그런데 이 단순한 공식에 맞춰 말하지 못하는 이가 많았습니다. 나이가 많을수록, 일반 신도보다는 성직자가 더 힘들어했습니다.

사람들은 이사를 할 때 불필요한 물건을 정리합니다. 이삿짐을 정리하듯이 때로는 마음의 짐도 정리해야 합니다. 쓸데없는 욕심을 버렸을 때 마음도 더 좋은 집으로 이사를 갈 수 있습니다. 마음의 짐을 벗어버리고 나면 물 위를 걷는 소금쟁이처럼 몸이 가벼워질 것입니다. 하여 그 어디라도 가지 못할 곳이 없을 것입니다.

누워서
긴장 비워내기

요를 깔거나 베개를 베지 말고 맨바닥에 반듯이 눕습니다.
두 팔을 옆구리에 자연스럽게 나란히 놓고 다리는 살짝 벌립니다.
빙그레 웃으면서 부드럽게 숨을 들이쉬고 천천히 내쉽니다.
계속 호흡에 마음을 모읍니다.

온몸의 근육이 풀어진다고 생각합니다.
봄바람에 날리는 잎사귀처럼 몸이 가벼워진다고 상상하며
온몸의 긴장을 풉니다.
모든 것을 놓아버리고 오직 호흡과 미소에만 의식을 모읍니다.

햇살 좋은 날 의자에 누워 낮잠을 즐기듯 그렇게 평화로운 광경을
상상합니다.
그런 가운데 계속 호흡을 이어갑니다.
부드럽게 들이쉬고 천천히 내쉽니다.

마음이 산란하고 긴장될 때 가만히 누워 자신을 풀어주기만 해도
평정을 되찾을 수 있습니다.

내 안에서
보물 찾기

그대 몸속에 있는 보물을 얻게 되면
두고두고 써도 끝이 없음을 깨닫게 될 것이네.
물건마다 서로 밝게 비추니
찾아보면 원래 흔적조차 없네.

나옹 선사

가평의 한 선원에서 수행할 때의 일입니다. 절에 가기 위해 산길을 올라가다가 사찰 신도들을 만났습니다. 그런데 한 할머니가 다른 신도들에게 이런 말을 했습니다.

"저 나무가 왜 관세음보살인 줄 아느냐?"

할머니는 아름드리 굵은 소나무를 손가락으로 가리켰습니다. 저는 '할머니, '나무(南無)'는 '의지하다'라는 의미이므로, 나무관세음보살은 '관세음보살에게 귀의한다'는 뜻입니다. 할머니가 가리키는 수목이 아닙니다.'라고 말하고 싶었지만, 친분도 없는 이들에게 공연히 아는 척하는 게 겸연쩍어서 그냥 사찰로 올라갔습니다. 그런데 이상하게도 선원에 앉자마자 제가 들고 있던 화두는 사라지고 '나무가 관세음보살'이라는 노 보살의 말이 뇌리에서 떠나질 않았습니다. 그 화두 아닌 화두를 들고 있으려니 언젠가부터 나무가 관세음보살처럼 여겨지기 시작했습니다.

'관세음보살은 아득히 먼 데 계신 게 아니다. 산에 사는 나무도 관세음보살이고, 밤낮으로 울고 가는 산새도 관세음보살이고, 들에 핀 이름 모를 들꽃도 관세음보살이고, 개울의 물비늘을 반

짝이게 하는 햇살도 관세음보살이고, 초저녁에 뜬 개밥바라기별도 관세음보살이다.'

이런 생각에 이르자 마음이 편안해졌습니다. 이 세상에 존재하는 모든 게 관세음보살 아닌 게 없다는 사실을 깨닫게 된 것이지요.

많은 경전이 의외로 아주 평범한 내용으로 말문을 엽니다.

"공양 시간이 되자 부처님께서 옷을 갖추시고, 발우 들고 저잣거리로 나아가 걸식하신 뒤 본래자리로 돌아가 자리를 펴고 앉으셨다."

그야말로 일상적이기 이를 데 없는 내용으로 경전이 시작되는 이유는 식사 시간이 되면 식사를 하고, 식사가 끝나면 정리를 하고 쉬는 것이야말로 가장 중요한 수행이기 때문일 것입니다. 어쩌면 번뇌를 끊는 단단한 지혜란 지금 이 순간 자기 자리에서 자기가 맡은 일을 하는 것인지도 모르겠습니다.

그러고 보면 일상생활을 충실히 하는 것만큼 훌륭한 수행도 없는 것 같습니다. 조주 선사의 유명한 일화도 이런 맥락에서 이해할 수 있습니다.

조주 스님이 자신을 찾아온 한 스님에게 물었습니다.

"이전에 이곳에 와본 적이 있는가?"

"와본 일이 없습니다."

"차나 한잔 마시게."

또 다른 스님이 찾아왔을 때도 조주 스님은 똑같은 질문을 던졌습니다.

"이전에 이곳에 와본 적이 있는가?"

"와본 적이 있습니다."

"차나 한잔 마시게."

이를 보고서 의아하게 여긴 한 스님이 물었습니다.

"스님께서는 대답이 달라도 '차나 한잔 마시게.'라고 하시는데, 무슨 뜻으로 그렇게 말씀합니까?"

이번에도 조주 스님 말씀은 같았습니다.

"차나 한잔 마시게."

흔히 수행법에는 신묘한 것이 숨겨져 있을 것이라고 지레 짐작하는 이가 많습니다. 하지만 일상의 정도를 지키는 것만큼 좋은 수행법은 없습니다. 따라서 하루하루, 순간순간을 성실하게 사는 사람이 바로 참된 수행자입니다.

질병은 때로 생활을 다스리는 것만으로 완치가 되기도 합니다. 예를 들어 감기는 물을 많이 마시고, 잠을 충분히 자고, 과일을 넉넉히 먹기만 해도 낫는 경우가 있습니다. 반면 감기에 걸렸음에도 무리해서 일을 하면 기관지염이나 폐렴으로 번지기도 합니다. 이렇게 보면 감기는 과욕을 부리지 말고 모든 것을 내려놓고 쉬라는 몸의 신호라고 할 수 있습니다.

정신 질환인 틱 장애(Tic disorder) 역시 생활을 다스리는 것만으로 치료가 가능합니다. 주로 유아기에 발병하는 틱 장애에 걸리면 특별한 이유 없이 머리를 흔들거나, 얼굴을 찡그리거나, 눈을 깜박거리거나, 코를 킁킁거리거나, 한숨을 쉬는 행동을 합니다. 주목해야 하는 사실은, 행복하고 안정된 생활을 하는 어린이들이 틱 장애를 앓지 않는다는 점입니다. 전문가들은 틱 장애의 원인으로 스트레스를 꼽고 있습니다. 따라서 틱 장애를 앓는 어린이에게 스트레스를 줘서는 안 됩니다. 주변에서 "왜 그런 이상한 행동을 하느냐?"고 타박하지 않으면 틱 장애가 있는 어린이 가운데 70퍼센트 정도에서는 1년 내에 자연스럽게 증상이 사라진다고 합니다. 그러니까 틱 장애를 앓고 있는 어린이에게는 가만히 두는 게 가장 좋은 치료약인 셈입니다.

비가 내린 뒤 흙탕물이 된 연못 물이 시간이 지나면 저절로 맑아지듯이 때로는 가만히 쉬는 것, 고요하게 머무는 것만으로 마음의 상처는 치유됩니다.

미국의 현대 음악가 존 케이지는 〈4분 33초〉라는 곡으로 화제를 불러일으켰습니다. 말장난 같지만 〈4분 33초〉는 노래가 아닌 노래입니다. 음악의 3요소인 멜로디, 리듬, 화음 그 어느 것도 들어 있지 않기 때문입니다. 4분 33초 동안 무대에서 아무 소리도 내지 않고 침묵을 지키는 게 이 노래의 전부입니다. 하지만 이 곡은, 때로는 침묵도 훌륭한 음악이 될 수 있음을 보여줌으로써 주목을 받을 수 있었습니다. 때로는 침묵이 최고의 음악이 되는 것처럼 때로는 침묵이 최고의 수행이 됩니다.

『유마경』에는 문수보살이 이렇게 묻는 구절이 나옵니다.

"어떻게 하는 것이 보살이 불이법문에 들어가는 것입니까?"

이때 유마 거사만이 침묵으로 대답을 대신했습니다.

문수보살은 지혜의 상징입니다. 그리고 불이법문은 시시비비를 떠난 궁극의 지혜를 일컫습니다. 그러니까 유마 거사는 궁극의 지혜를 얻는 방법을 묻는 질문에 침묵으로 답한 것입니다. 유마 거사는 말(言)마저 버린 후에야 궁극의 지혜를 얻을 수 있음을 일깨워줬습니다. 바람이 거세게 불면 등불이 꺼지고 바람이 없으면 등불이 환히 빛을 내듯, 마음속의 등불도 고요할 때 환히 빛날 수 있습니다.

제가 아바타 교육을 받을 때의 일입니다. 자신의 신념 체계를 새롭게 세우는 명상 프로그램인 아바타 교육은 단계별로 나뉘어 있는데, 저는 제주도와 경주에서 마스터 과정을 받았습니다. 그

다음 단계인 위저드 과정을 받으려면 미국 달러로 7,000달러를 내야 했습니다. 저를 교육한 이가 "위저드 과정을 받을 것이냐?"라고 물었습니다. 돈이 없어서 받을 수 없다고 솔직히 답했는데, 교사가 제게 이런 말을 했습니다.

"왜 돈이 없느냐? 세상에 돈은 많다. 돈이 없는 이유는 그대가 돈을 구하지 않았기 때문이다."

교사의 이 말이 저를 흔들어 깨웠습니다. '보물을 멀리서 찾을 필요가 없다. 이미 내 안에 보물이 있다.'라는 깨달음이 찾아온 것입니다. 그러자 자연스럽게 원효 스님의 일화가 떠올랐습니다.

원효 스님은 의상 스님과 함께 당나라로 유학을 가다가 어느 동굴에서 하룻밤을 보내게 됐습니다. 잠을 자다가 심한 갈증이 일어 손으로 바닥을 더듬던 원효 스님은 바가지에 담긴 물을 발견하고 달게 마신 뒤 다시 잠들었습니다. 이튿날, 자신이 지난밤에 마신 것이 해골에 고인 썩은 물임을 알게 된 원효 스님은 토악질로 한바탕 고생을 한 뒤 모든 게 자기 마음가짐에 달렸음을 깨닫습니다. 이에 당나라 유학길을 중단하고 신라로 돌아와 역사에 길이 남은 큰 스승이 되었습니다.

제가 아바타 위저드 과정을 받지 않은 것은 돈이 없었기 때문입니다. 그러나 생각이 달라지고 나니 설령 돈이 있다고 해도 굳이 그 교육을 받을 이유가 없었습니다.

작가 모리스 마테를링크의 『파랑새』는 마무리가 매우 극적입니다. 꿈에 나타난 요술 할머니 부탁으로 파랑새를 찾아 길을 떠난 어린 남매가 오랜 여정에도 파랑새를 찾지 못하고 집으로 돌아왔는데, 그토록 찾아 헤매던 파랑새가 자기 집 새장에 있었다는 이야기입니다.

『파랑새』와 유사한 이야기가 『법화경』에도 전해지고 있습니다.

한 가난한 이가 친구의 집을 찾았다가 술에 잔뜩 취해 잠이 들었습니다. 친구는 볼일이 있어 외출하면서 가난한 이의 주머니에 보물 구슬을 넣어두었습니다. 하지만 술에 취했던 가난한 이는 자신의 주머니에 무엇이 들어 있는지도 모르고 친구 집을 떠났습니다. 오랜 세월 뒤 가난한 이는 그 친구를 다시 만났습니다. 친구는 예전과 변함이 없는 가난한 이를 보고 말했습니다.

"예전에 네가 나를 찾아왔을 때 값비싼 보물 구슬을 너의 옷 속에 넣어두었는데, 너는 아직도 옷과 먹을 것을 구하기 위해 고생하며 살고 있구나. 그 보물 구슬로 네가 필요한 것을 얼마든지 살 수 있었을 텐데."

우리는 모두 보물 구슬을 지니고 있습니다. 다만 경전 속 가난한 이처럼 구슬을 지니고도 그 구슬을 발견하지 못했을 뿐입니다. 어쩌면 자신에게 숨겨져 있는 보물 구슬을 찾는 게 인생의 참된 가치를 깨닫는 것인지도 모르겠습니다.

"종일토록 남의 보배를 세어도 반 푼어치의 이익이 없다."라는 『화엄경』의 한 구절도 같은 맥락에서 해석이 가능합니다. 아무리 많은 책을 읽고 지식을 쌓아도 스스로 체득해 실천하지 않으면 아무런 의미가 없습니다.

불평불만
다스리기

흰 콩과 검은 콩을 준비합니다.
콩이 없다면 색상이 다른 물건, 이를테면 바둑알 같은 것을
준비합니다.
흰 콩은 선하고 긍정적인 생각, 바른 마음을 뜻하고
검은 콩은 부정적인 생각, 집착하는 마음, 분주한 마음을 뜻합니다.

주머니가 달린 옷을 입고 생각이 일어날 때마다
그에 맞는 콩을 주머니에 넣습니다.
상대에게 고마운 마음이 들 때는 흰 콩을,
무언가 화가 나고 마음이 다스려지지 않을 때는 검은 콩을 넣습니다.
하루 종일 자기 생각을 관찰하고 그 생각을 알아차릴 때마다
콩을 넣습니다.

저녁이 되면 콩을 꺼내어 개수를 헤아려봅니다.
흰 콩이 많았다면 그 하루는 마음이 편안하고 맑은 시간이었을 테고,
검은 콩이 많았다면 마음이 무언가에 시달린 하루였겠지요.

1주일에 한 번 혹은 한 달에 한 번 시간을 정해두고

마음을 관찰해봅니다.
나의 마음 상태를 꾸준히 관찰하면 일상에서도 깨어 있는 하루를 만들 수 있습니다.

내가 사랑한 건
당신의 다리가
아닙니다

우리는 도덕적이기 때문에 행복한 것이 아니고
행복하기 때문에 도덕적일 수 있다.

베네딕트 스피노자

제가 어릴 적에는 어른들이 "장차 꿈이 뭐냐?"는 질문을 자주 했습니다. 아이들의 대답은 한결같았습니다. 남자아이는 "대통령", 여자아이는 "미스코리아". 당시에는 대통령과 미스코리아가 성공의 척도로 비쳐졌던 것이지요.

2009년 세계의 이목은 미국 건국 이래 최초의 흑인 대통령인 오바마에게 집중됐습니다. 세계 각국은 40대의 젊은 흑인 대통령을 뽑은 미국 국민들에게 진정한 민주주의를 실현했다는 이유로 갈채를 보냈습니다. 아울러 지구촌 사람들은 흑인으로서 겪어야 했던 인종 차별을 극복하고 미국 대통령이 된 오바마 이야기에 감동했습니다. 오바마는 자기 가족 이야기를 담담하게 털어놓았습니다.

"제 아버지는 케냐의 작은 마을에서 태어나 자랐습니다. 염소를 몰면서 낡아빠진 지붕 아래 교실에서 공부했습니다. 아버지의 아버지, 제 할아버지는 영국 가정의 노예이자 요리사였습니다. 그래도 할아버지는 자식이 제 꿈을 펼치길 바랐습니다. 그 꿈 덕분에 아버지는 장학금을 받아 마법의 장소에서 공부할 수 있었습니다. 그 장소는 바로 미국입니다. 그들에게 자유와 기회의 등불을 밝혀준 곳입니다. 아버지는 공부하는 동안 어머니를 만났습니다. 어머니는 캔자스 주의 작은 마을에서 태어났습니다. 외할아버지는 대공황 시절 공장을 다니며 농사를 지었습니다. 진주만 습격 다음날 패튼 장군 부대에 입대했고 유럽으로 진군했습니다. 그때 외할아버지는 자식들을 폭탄 공장으로 보내셔야 했습니다.

부모님은 제게 아프리카 말로 이름을 지어주었습니다. '축복받은'이라는 의미의 '버락'입니다. 이 이름은 미국이라는 나라가 인종이 성공의 걸림돌이 되지 않는다는 믿음을 담고 있습니다. 부모님은 제가 가장 좋은 대학에 가기를 바랐습니다. 비록 가난했지만 관대한 나라 미국에서는 교육을 받기 위해 부자가 될 필요는 없었으니까요. 지금 부모님은 제 곁에 있지 않습니다. 하지만 알고 있습니다. 어디선가 부모님께서 저를 자랑스러운 눈으로 보고 계시다는 것을."

3대에 걸친 오바마 가족 이야기에는 노예로 끌려와 온갖 차별 속에서도 꿋꿋하게 꿈을 이뤄가는 미국 내 흑인의 아픈 역사가 어느 문학 작품 못지않게 잘 녹아 있습니다. 특히 '버락'이라는 이름이 '축복받은'이라는 뜻의 아프리카 말이라고 설명하는 대목은 가슴을 훈훈하게 합니다. 머나먼 타국 사람인 저도 감동을 받는데, 검은 피부를 지녔다는 이유만으로 '저주받은' 삶을 살아야 했던 흑인들의 입장에서는 얼마나 가슴 뭉클했겠습니까?

누구나 "국민의, 국민에 의한, 국민을 위한 정부"라는 문구를 들어 보았을 것입니다. 링컨 대통령의 게티즈버그 연설에 나오는 유명한 구절입니다. 1863년 11월 19일, 펜실베이니아 주 게티즈버그 국립묘지 앞 연단에 선 링컨은 간결하고 감동적인 말로 민주주의에 대한 자신의 신념을 토로했습니다. 2분여 동안의 짧은 연설이 끝났을 때 우레와 같은 박수가 터져 나왔다고 합니다. 당시 미국은 흑인 노예 해방을 찬성하는 북부와 반대하는 남부로 나뉘어 치열한 전쟁을 벌이고 있었습니다. 링컨 대통령이 북부를 이끌고 있었다는 사실을 감안하면 '국민의, 국민에 의한, 국민을 위한 정부'가 말하는 바가 무엇인지 알 것 같습니다.

링컨은 구두 수선공의 아들로 태어나 숱한 시련을 겪은 뒤 대통령이 됐습니다. 하여 링컨을 두고 비아냥거리는 사람이 많았다고 합니다. 어느 공개 석상에서는 링컨을 향해 대놓고 비웃는 사람도 있었습니다.

"당신의 아버지는 구두 수선공이지요."

링컨은 북받치는 감정을 억누른 뒤 아무렇지도 않게 이렇게 말했습니다.

"죄송하게도 아버지를 잊고 있었습니다. 아버지를 기억하게 해주셔서 감사합니다. 그렇습니다. 아버지는 아주 훌륭한 구두 수선공이었습니다. 혹시 여러분 중에 제 아버지에게 구두를 수선받았는데 망가진 구두를 갖고 계신 분 있으면 제게 맡겨주십시오. 저도 아버지 어깨 너머로 배워서 구두를 수선할 줄 압니다. 저는 그런 아버지를 두었다는 것이 정말 자랑스럽습니다."

구두 수선공인 아버지를 자랑스러워하는 링컨이기에 인권 사각 지대에 놓여 있던 흑인 노예에게 관심을 가진 게 아닐까 하는 생각이 듭니다.

링컨의 게티즈버그 연설은 미국 역사의 고비마다 다시 등장했습니다. 흑인 인권운동가 마르틴 루터 킹 목사는 1963년 워싱턴 링컨기념관 앞에서 "나에겐 꿈이 있습니다"라는 연설을 하는데, 이 연설의 첫 머리에 등장하는 "백 년 전, 한 위대한 미국인이"라는 구절은 다름 아닌 100년 전 게티즈버그에서 연설한 링컨을 지칭합니다. 오바마 대통령은 대통령직 수락 연설에서 "우리는 국민의, 국민에 의한, 국민을 위한 정부가 지구상에 있다는 것을 증명했다."라고 소감을 밝히기도 했습니다.

비폭력 운동가인 마르틴 루터 킹 목사는 흑인 인권의 기틀을 다졌습니다. 그의 무기는 다름 아닌 감동적인 연설이었습니다. 그의 연설은 핍박받는 흑인들의 영혼을 달래주었고, 백인들에게는 모든 인간이 평등하다는 당연한 진리를 일깨워줬습니다.

"나에겐 꿈이 있습니다. 조지아 주의 붉은 언덕에서 노예의 후손들과 노예 주인의 후손들이 형제처럼 손을 맞잡고 나란히 앉는 꿈입니다. 나에겐 꿈이 있습니다. 불의와 억압의 열기에 신음하던 저 황폐한 미시시피 주가 자유와 평등의 오아시스가 될 것이라는 꿈입니다."

마르틴 루터 킹 목사가 꾸던 꿈은 현실이 됐습니다. 미국은 노예의 후손들과 노예 주인의 후손들이 형제처럼 손을 맞잡고 나란히 앉는 나라가 됐습니다. 뿐만 아니라 노예의 후손이 대통령이 됐습니다. 희망의 메시지는 끝이 보일 것 같지 않은 길을 행군할 수 있는 원동력이 됐습니다.

한창 정치 활동을 왕성하게 하던 루스벨트는 39세에 갑자기 소아마비에 걸려 보행이 곤란해졌습니다. 그는 다리를 쇠붙이에 고정시킨 채 휠체어를 타고 다녀야 했습니다. 절망에 빠진 그가 방에서만 지내는 것을 아무 말 없이 지켜보던 아내 엘레나는 비가 그치고 맑게 갠 어느 날 남편의 휠체어를 밀며 정원으로 산책을 나갔습니다.

"비가 온 뒤에는 반드시 이렇게 맑은 날이 옵니다. 당신도 마찬가지예요. 뜻하지 않은 병으로 다리는 불편해졌지만 그렇다고 당신 자신이 달라진 건 하나도 없어요. 여보, 우리 조금만 더 힘을 내요."

아내의 말에 루스벨트가 대답했습니다.

"하지만 나는 영원한 불구자요. 그래도 나를 사랑하겠소?"

"아니 무슨 그런 섭섭한 말을 해요? 그럼 내가 지금까지는 당신의 두 다리만을 사랑했나요?"

아내의 말에 루즈벨트는 용기를 얻었습니다. 장애인의 몸으로 대통령에 당선되어 경제공황을 뉴딜정책으로 극복했고, 제2차 세계대전을 승리로 이끌었습니다. 아내의 말 한 마디가 남편의 인생을 바꾼 것입니다.

"걱정하지 마십시오. 당신은 자신이 누구인지만 알면 됩니다."

오프라 윈프리가 초대 손님에게 자주 건네는 이 한 마디에는 아무리 힘든 상황이더라도 자기 안에 있는 가능성을 믿고 꾸준히 노력한다면 꿈을 이룰 수 있다는 뜻이 담겨 있습니다.

그녀의 말을 가만 음미하다가 『화엄경』에 실린 한 구절이 떠올랐습니다.

"신기하여라. 어찌하여 모든 중생이 여래의 지혜를 모두 갖추고 있는가? 그런데 어리석고 미혹하여 알지 못하고 스스로 보지 못하는구나. 그러므로 내가 마땅히 성스러운 진리로써 가르쳐서 자신 속에 여래의 넓고 큰 지혜를 얻게 하리라."

앞서 저는 버락 오바마 대통령의 '버락'이라는 이름이 '축복받은'이라는 뜻의 아프리카 말이라고 했습니다. 만약 오바마 대통령이 '버락'이라는 말을 '축복'이 아닌 '흑인 가문의 저주'로 받아들였다면 어찌되었을까요? 아마 대통령이 될 수 없었을 것입니다. 이렇듯 성공의 열쇠는 자신의 마음가짐에 달려 있습니다.

"희망을 가져라.
희망의 결과는 행복이니라.
저 새들까지도 언제나 바라면서
그 희망에 충만해 있으니
비록 그것은 멀고 오래더라도
끝내 희망은 이루어지리라."
- 『본생경』에서

"하지만 나는 영원한 불구자요. 그래도 나를 사랑하겠소?"
"아니 무슨 그런 섭섭한 말을 해요? 그럼 내가 지금까지는
당신의 두 다리만을 사랑했나요?"

지혜는 열린
문으로 든다

어떤 이는 가는 데마다 부처님께서 온 세계에
가득함을 뵈옵지만
어떤 이는 그 마음 깨끗하지 않아 무량겁에
부처님을 보지 못하네.
어떤 이는 가는 데마다 부처님의 아름다운
음성 듣고 기뻐하나
어떤 이는 백천만겁 지나도록 마음이 부정해 듣지 못하네.

『화엄경』「입법계품」에서

김춘수 시인의 「꽃」이라는 시를 보면 "내가 그의 이름을 불러주었을 때/ 그는 나에게로 와서 꽃이 되었다"라는 구절이 있습니다. 사람들은 누구나 누군가의 꽃이 되고 싶어 합니다. 제가 강연 때마다 꽃처럼 웃으라고 말하는 까닭도 이 때문입니다. 이 말을 하기에 앞서 저는 두 손바닥으로 얼굴을 감쌉니다. 얼굴을 감싼 두 손바닥을 저는 '꽃받침'이라고 부릅니다. 그러면 손바닥 위에 놓인 얼굴은 무엇이 되나요? 그렇습니다. 꽃이 됩니다.

모든 사람은 한 송이의 꽃과 같은 존재입니다. 누구나 아름다운 향기를 지니고 있습니다. 하지만 저절로 세상의 꽃이 되는 것은 아닙니다. 고유의 빛깔과 향기에 알맞은 이름으로 불렸을 때 비로소 "잊혀지지 않는 하나의 눈짓"이 될 수 있습니다.

제가 한 송이 꽃임을 일깨워준 수많은 스승들이 있습니다. 먼저 죽어가는 목숨을 구해준 월정사의 노스님이 계셨기에 저는 불제자가 될 수 있었습니다. 제게 '종식'이라는 법명을 내려주신 은

사인 현성 스님이 계셨기에 청담 스님의 "자비로우면 적이 없다."라는 가르침도 배울 수 있었습니다. 자비로운 눈길로 출가 이전의 삶을 물으신 청화 스님을 뵐 수 있었기에 제 심연에 가라앉아 있던 앙금을 씻을 수 있었습니다. 청화 스님 제자인 용타 스님에게서는 더불어 사는 삶을 실천했을 때 참 행복을 얻을 수 있다는 사실을 배웠습니다. 또 송담 스님의 법문을 통해서 치열한 수행 없이는 깨달음을 얻지 못한다는 것을 배웠습니다. 무여 스님과 고우 스님의 법문을 통해서는 눈물이 나도록 간절한 마음으로 수행해야 한다는 것을 배웠습니다.

외국에 나가서도 많은 스승을 만났습니다. 달라이 라마 존자와 틱낫한 스님에게서는 자비로운 눈으로 세상을 보는 법을, 미얀마 마하시 선원에서는 지금 이 순간 알아차릴 수 있는 힘을 배웠습니다.

선지식이 불교계에만 있었던 것은 아닙니다. 제 삶의 뿌리인 부모님은 어느 누구보다도 훌륭한 선지식이었습니다. 진정한 화해를 가르쳐줬으니까요. 학업을 중간에 포기하려는 저를 어떻게든 설득해 고등학교 졸업장을 받을 수 있게 해준 고등학교 3학년 때 담임 선생님께도 감사함을 어떻게 갚아야 할지 모르겠습니다.

앞서 저는 화를 다스리는 공식으로 '5 - 3 = 2(오해를 상대방 입장에서 생각하면 이해가 된다는 것)'과 '2 + 2 = 4(이해하고 또 이해하는 것이 사랑이라는 것)'를 소개했습니다. 그렇게 간단하면서 심오한 인생관이 담긴 이 공식을 제게 알려준 것은 초등학교 4학년 어린이였습니다. 이 어린이 역시 제게는 스승입니다. 마곡사 자비 명상 템플스테이를 지도하면서 만난 수많은 참가자들도 제게는 스승입니다. 중앙대학교에서 강의하면서 만난 학생들도 선지식입니다. 대학원에서 만난 이웃 종교인들도 모두 스승입니다.

스승이 사람에만 국한된 것도 아니었습니다. 선원을 돌면서 만난 산길의 소나무도, 돌다리가 놓인 냇물도 스승 역할을 해줬습니다. 투박한 찻잔조차도 제게는 스승입니다.

사람을 만나는 일이 잦다 보니 저도 명함을 만들어서 갖고 다닙니다. 명함에 환히 웃고 있는 스님 얼굴을 직접 그려 넣었습니다. 그렇게 한 까닭은 이산 혜연 스님의 발원문에서 "내 모양을 보는 이나 내 이름을 듣는 이는 갖은 고통 벗어나서 열반 언덕에 가소서."라는 구절이 감동 깊었기 때문입니다. 그림을 완성하느라 저는 수차례 원을 그려야 했습니다. 얼굴을 둥글게 그리고 싶어서였습니다. 하지만 원을 그리는 일은 생각보다 어려웠습니다. 붓을 내려놓고 한숨을 쉬는데 제 눈에 찻잔 하나가 들어왔습니다. 찻잔을 엎어봤습니다. 제가 찾던 동그라미가 거기에 있었습니다.

『화엄경』「입법계품」은 선재동자가 53명의 스승을 차례로 찾아가 그때마다 새로운 깨달음을 얻는 내용입니다. 저는 「입법계품」에 등장하는 스승 중 세 스승에게 유독 눈이 갔습니다. 바로 미륵보살과 몸 파는 여인 바수밀다와 뱃사공 바시라입니다.

선재동자가 찾아왔을 때 미륵보살은 "보리심은 씨앗과 같아 모든 불법을 내게 하며, 좋은 밭과 같아 중생들의 깨끗한 법을 자라게 하며, 대지와 같아 모든 세간을 지탱하며, 맑은 물과 같아 모든 번뇌의 때를 씻어주며, 태풍과 같아 세간에 두루 걸림이 없다. 또한 타오르는 불과 같아 온갖 소견의 숲을 태우며, 밝은 해와 같아 모든 세간을 두루 비추며, 보름달과 같아 깨끗한 법이 다 원만하며, 밝은 등불과 같아 갖가지 법의 광명을 발한다. 보리심은 큰 산과 같아 모든 세간에서 우뚝 솟아 있으며, 부처님의 탑과 같아 모든 세간에서 공양할 바이다."라고 가르쳐줍니다. 미륵보살의 이 말에서 저는 끝없이 공덕을 쌓는 것이야말로 진정한 행복으로 들어가는 길임을 깨달을 수 있었습니다.

몸 파는 여인 바수밀다는 선재동자가 찾아왔을 때 "어떤 중생이 애욕에 얽매여 내게 오면, 나는 그에게 법을 말해 탐욕이 사라지고 보살의 집착 없는 경계의 삼매를 얻게 한다. 어떤 중생이고 잠깐만 나를 보아도 탐욕이 사라지고 보살의 환희삼매를 얻는다. 어떤 중생이고 잠깐만 나와 이야기해도 탐욕이 사라지고 보살의 걸림 없는 음성삼매를 얻는다. 어떤 중생이고 잠깐만 내 손목을 잡아도 탐욕이 사라지고 보살의 모든 부처 세계에 두루 가는 삼매를 얻는다."라고 말했습니다.

여기서 중요한 것은 그 누구에게나 분별없이 대하는 바수밀다이기에 중생에게 삼매를 줄 수 있다는 사실입니다. 바수밀다의 법문은 중생 세계에 들어가지 않고는 중생을 교화할 수 없다는 의미를 담고 있습니다. 바수밀다는 중생의 욕망에 따라 몸을 나타낸다고 합니다. 이는 관세음보살이 온갖 중생의 요청에 따라 다양한 모습으로 나타나는 것과 같은 이치입니다. 청정한 마음을 지닌 바수밀다이기에 세속의 법으로도 능히 중생을 제도할 수 있는 것입니다.

뱃사공 바시라는 "나는 소용돌이치는 곳과 물이 얕고 깊은 곳, 파도가 멀고 가까운 것, 물빛이 좋고 나쁜 것을 잘 안다. 해와 달과 별이 운행하는 도수와, 밤과 낮과 새벽 그 시각에 따라 조수가 늦고 빠름을 잘 안다. 배의 강하고 연함과 기관의 빡빡하고 연함, 물의 많고 적음, 바람의 순행과 역행에 대해 잘 안다. 이와 같이 안전하고 위태로운 것을 분명히 알기 때문에, 갈 만하면 가고 가기 어려우면 가지 않는다."라고 말했습니다. 가히 지혜의 화신이라 할 만합니다.

미륵보살처럼 높은 깨달음에 이른 이와, 바수밀다처럼 몸 파는 바닥 인생과, 바시라 같은 막노동꾼이 모두 똑같은 스승이라는 점이 이해되시나요? 이에 대해서 법정 스님은 『스승을 찾아서』라는 책에서 아래와 같이 풀이했습니다.

"부처님 제자 가운데 마하가섭이나 사리불 또는 목건련 같은 뛰어난 제자들을 제쳐두고, 한낱 이름 없는 뱃사공에 이교도, 창녀 같은 사람들을 선지식으로 등장시켰다는 점에 유의해야 한다. 이는 결국 진리를 탐구하고 구현하는 구도의 길에서는 사회적인 신분이나 지위를 물을 것 없이, 자신이 업(業)으로 하고 있는 그 길에 통달한 사람이면 누구나 스승이 될 수 있음을 암시하는 것이라고 하겠다. 하지만 선지식은 앉은 자리에서 그저 만나지는 사람이 아니다. 내가 몸소 보리심을 발해 찾아 나설 때 비로소 만날 수 있다. 선지식은 메아리와 같아서, 내 부름에 대한 응답이기 때문이다."

그렇습니다. 스승은 원래 스승이라서 스승이 아닙니다. 배우고 싶은 뜻으로 가득 찬 사람이 누군가 혹은 무언가에서 가르침을 얻을 때, 그 누구 혹은 무엇은 스승이 됩니다. 스승이 우리가 꽃임을 일깨워주듯이 스승 역시 우리가 그 이름을 불렀을 때 비로소 스승이 되는 것입니다.

이렇게 보면 스승과 제자는 외따로이 있을 수 없습니다. 스승이 제자를 알아보고 제자가 스승을 받아들일 때 비로소 스승과 제자 관계가 성립하기 때문입니다. 또 스승은 언제까지나 스승으로 남고, 제자는 영원히 제자로 머무르는 것도 아닙니다. 제가 학생들에게 스승이자 동시에 제자인 것처럼, 또『화엄경』에서 누구나 스승이 될 수 있었던 것처럼, 가르침을 주거나 받을 준비가 된 이는 언제고 스승이고 제자입니다.

부처님 말씀대로 살아 있는 모든 것은 다 행복해야 합니다. 평안해야 합니다. 약하든 강하든, 길든 짧든 중간이든, 굵든 가늘든, 작든 크든, 눈에 보이든 안 보이든, 멀리 있든 가까이 있든 모든 것은 다 행복해야 합니다. 남을 속여서는 안 됩니다. 남을 경멸해서도 안 됩니다. 남에게 화를 내도 안 됩니다. 남에게 고통을 줘도 안 됩니다. 마치 어머니가 목숨을 걸고 자식을 지키듯이 모든 살아 있는 것에게 한량없는 자비심을 가져야 합니다. 원한도 적의도 거두고 자비로운 행동을 해야 합니다. 서 있을 때나 길을 갈 때나 누워 있을 때나 자비심을 굳게 가져야 합니다.

세상을 집어삼킬 듯 거세게 타오르는 불을 잡을 수 있는 것은 물뿐입니다. 마찬가지로, 우리 내면에서 끓어오르는 탐욕을 잡는 데 자비심보다 나은 것은 없습니다. 이 세상의 그 어떤 탐욕도 모든 욕망을 버리는 것만큼 즐겁지는 않습니다. 욕망은 끝없는 갈증을 일으키지만, 무욕은 그 자체로 지극히 행복하기 때문입니다.

용맹한 장수는 꾀가 많은 장수를 이기지 못하며, 꾀가 많은 장수는 덕이 있는 장수를 이기지 못한다는 말이 있습니다. 모든 욕망에 대한 집착을 내려놓을 줄 알 때 겨룰 만한 상대가 없어집니다. 그의 양손에 들린 무기는 칼이나 창이 아닙니다. 그렇다고 탁월한 지략이 담긴 전술서도 아닙니다. 그는 바로 지혜와 자비를 들고 있습니다.

지혜는 이 세상에 영원한 존재는 없음을 깨닫는 것입니다. 그러면 자연스럽게 나랄 것도, 내 소유랄 것도 없음을 알게 됩니다. 우리 눈앞에 나타나는 현상은 무수한 조건이 서로 관계해서 성립하는 것입니다. 내가 있어서 네가 있을 수 있고, 네가 있어서 내가 있을 수 있는 것입니다. 따라서 이 세상에 유일하게 존재하는 것은 '나'나 '너'가 아니라 '우리'입니다. 이는 함께 일어서고 함께 쓰러지는 갈대 무리와 같습니다.

이렇게 '타자는 또 다른 나'이므로 우리 내면에서는 고통받는 존재에 대한 지극한 연민, 즉 자비로운 마음이 싹 트게 됩니다. 자비심은 가문 날에 내리는 단비와 같습니다. 제가 이 책에 말하고 싶은 것을 하나로 정의하면 '자비심'입니다. 서로 사랑하자는 것입니다.

공감
연습

가만히 자리에 앉습니다.
숨을 쉬면서 빙그레 웃음 짓습니다.

당신을 가장 힘들게 한 사람의 모습을 떠올립니다.
그 사람의 밉거나 싫은 모습을 생각하고 정말 싫었던 장면이
무엇이었는지 생각해봅니다.

이제 그의 일상이 어떨지 상상해봅니다.
그의 일상생활 속에서 무엇이 그를 행복하게 하고 무엇이 그를
고통스럽게 하는지 자세히 살펴봅니다.

그가 어떤 사고방식을 가지고 있는지, 어떻게 행동하는지 찬찬히
떠올려봅니다.
그 사람이 어떤 마음을 가지고 그런 행동을 했는가 생각합니다.

그가 어떤 편견을 가지고 있는지, 증오나 분노에 사로잡혀 있지
않은지 생각해봅니다.
그렇다고 마음속으로 다시 그를 비난해서는 안 됩니다.

그저 풍경을 보듯 자신과는 다르다는 사실만 인식하면 됩니다.

반복해서 그를 생각하고 그의 마음이 어떠한가 이해하려고 노력하다 보면 미움이 엷어지고 마음을 사로잡던 분노도 점차 사라질 것입니다.

지금 이 순간을
살   아   라

설거지를 할 때에는 설거지만 해야 합니다. 설거지를 할 때에
자기가 설거지를 하고 있음을 알아차려야 한다는 말이에요.
처음에는 그런 단순한 일에 왜 그리 역점을 두는지 좀 이상해
보일 것입니다. 그러나 바로 그게 요점이에요. 내가 여기 서서
그릇을 닦고 있다는 사실이 그대로 놀라운 현실입니다.
내 숨을 따라, 내가 여기 있다는 사실과 내 생각, 내 행동을
죄다 알아차림으로써 완전하게 나 자신으로 존재하는 거예요.
그러면 물결 위에서 이리저리 떠다니는 병처럼 생각 없이
떠밀려 다닐 리 없겠지요.

틱낫한 스님

맛있는 과일이 눈앞에 있다고 칩시다. 다음에 먹어야지 하는 생각에 아껴 둘 수도 있고, 얼른 먼저 먹을 수도 있습니다. 그런데 행복이란 기준에서 보면, 맛있는 것을 먼저 찾아 먹는 이가 나중에 먹는 이보다 더 행복하다고 합니다.

그렇다고 모든 자원을 보는 족족 써버리라는 말은 아닙니다. 한정돼 있는 자연 자원은 당연히 아껴 쓰는 게 옳습니다. 후대에 물려줄 소중한 자산이기 때문입니다. 자연 자원을 낭비하는 것은 나중에 그 어떤 죄보다도 무거운 죗값을 받게 돼 있습니다.

다만 제가 맛있는 과일을 예로 든 것은 해야 할 일을 차일피일 미루는 것보다는 지금 이 순간 실행하는 게 좋다는 사실을 말하기 위해서입니다. 내일로 미루면 문제가 쌓이고 맙니다. 풀라고 있는 문제를 쌓아서야 되겠습니까.

지금 이 순간의 나의 말, 나의 행동, 나의 생각에 따라 나의 미래가 바뀝니다. 오늘 나에게 닥쳐온 일은 과거 씨앗의 열매이고, 오늘 내가 뿌린 씨앗은 미래에 거둬들일 열매입니다. 지금 이 순간 감사하면 감사의 씨앗이 심겨져 감사의 열매를 거두게 됩니다.

지금 이 순간에 감사할 때 인생은 '숙제'가 아닌 '축제'가 됩니다.

언뜻 보면 시간은 일직선으로 흐르는 것 같습니다. 헤라클레이토스의 말을 빌리면, 인간은 같은 강물에 발을 두 번 담글 수 없습니다. 강물처럼 시간이 흘러가기 때문입니다. 그런 시간은 되돌릴 수 없습니다. 하지만 불교에서는 시간이 실체가 아니라고 말합니다. 흔히 과거는 지나간 시간이고 미래는 아직 오지 않은 시간이라고 보는데, 불교에서는 생겨났다가 사라질 뿐만 아니라 여러 관계 속에서 존재하므로 시간은 실체가 없다고 보는 것입니다. 실제로 시간은 항상 공간과 함께 존재합니다. 하여 '시공간'이라는 말을 쓰기도 합니다. 잡으려고 하면 한 줄기 빛처럼 미처 손쓸 새도 없이 사라지는 시공간. 어쩌면 그게 우리의 삶인지도 모르겠습니다.

매일매일 우리 몸에서는 늙은 세포들이 죽고 새로운 세포들이 생겨납니다. 그렇게 세포가 나고 죽기를 반복하며 1년이 지나면, 1년 전에 있던 세포는 몸에 하나도 남지 않게 된다고 합니다. 몸을 이루는 세포들이 끊임없이 변화한다는 것은 우리가 변화하면서 성장한다는 증거일 것입니다. 그렇다고 하루아침에 180도 바뀌는 것은 아닙니다. 몸은 조금조금 천천히, 그러나 멈추지 않고 변합니다.

우리의 성정도 마찬가지로 조금씩 변화합니다. 어제보다 조금 더 친절하고, 조금 더 웃고, 조금 더 배려가 많은 하루하루를 살아가다, 어느 날 거울을 보면 관세음보살처럼 너그러운 얼굴을 만나게 될 것입니다.

『백유경』에 어리석은 원숭이 이야기가 나옵니다.

원숭이 한 마리가 콩 한 줌을 쥐고 있다가 잘못하여 콩 한 알을 떨어뜨렸습니다. 원숭이는 떨어뜨린 콩을 잡기 위해 손을 펼쳤는데, 그 바람에 쥐고 있던 콩을 모조리 놓쳐버렸습니다. 콩이 땅에 흩어지자 옆에서 기웃거리던 닭과 오리가 서둘러 달려와 바닥에 떨어진 콩을 전부 먹어 치웠습니다.

이 우화에는 일부를 놓쳤다고 아쉬워하다가 전부를 잃는 어리석음을 경계하라는 교훈이 담겨 있습니다. 세상에는 이야기 속 원숭이와 똑같은 실수를 하는 사람들이 많습니다. 사람들이 이런 실수를 반복하는 데는 크게 두 가지 원인이 있습니다. 하나는 탐욕이고, 다른 하나는 게으름입니다.

탐욕은 우리의 눈을 멀게 하여 자신이 지금 무엇을 하고 있는지 바로 보지 못하게 만듭니다. 만약 이야기 속 원숭이가 지금 이 순간 자신이 하는 것을 알아차릴 줄 알았다면 들고 있던 콩을 모두 잃는 일은 없었을 것입니다. 잃어버린 한 개의 콩이 아니라 자신의 손에 들린 여러 개의 콩이 눈에 들어왔을 테니까요.

게으름은 우리 안에서 부정적인 사고를 자라게 하여 우리의 성장을 가로막습니다. 새해가 되면 많은 사람들이 운동이나 금연 같은 새해 계획을 세우지만 실패로 끝나는 경우가 많습니다. 실천을 내일로 내일로 미루다가 '내가 이렇지 뭐.'라고 생각하며 자포자기하기 때문입니다. 개중에는 '나는 운이 없어. 무슨 일이고 해봐야 되는 게 없어.'라는 부정적인 생각에 빠져 계획조차 세우지 않는 이도 있습니다.

그런데 흥미로운 사실은 부정적인 사고를 하는 사람일수록 남 탓을 잘한다는 것입니다. 예를 들어 시험에 떨어졌을 때 긍정적인 사고를 하는 사람은 그간 밟아온 과정을 찬찬히 되돌아보며 자신이 무엇을 잘못했는지 점검합니다. 반면 부정적인 사고를 하는 사람은 공부를 열심히 하지 않은 자신은 탓하지 않고 바깥 환경과 자신의 운 없음만 탓합니다. 그러다 보니 세월이 지나도 발전이 있을 수 없습니다. 부정적인 사고를 하는 사람은 지금 비록 하나를 놓쳤을지라도 자신이 갖고 있는 것을 키우다 보면 원하는 것을 얻는 날이 온다는 사실을 모릅니다.

마조 스님이 몸이 편치 못해 누워 있을 때 한 스님이 찾아와 물었습니다.

"건강은 어떠하신지요?"

마조 스님은 이렇게 대답했습니다.

"일면불(日面佛) 월면불(月面佛)이지."

일면불은 수명이 8,100세에 이른다는 부처님이고, 월면불은 수명이 하루 낮밤에 불과한 부처님입니다. 병환이 어떤지 묻는 질문에 마조 스님이 '일면불 월면불'이라고 답한 이유는 무엇일까요? 아마도 자연의 이치를 깨닫고 나면 장수하는 일면불이나 단명하는 월면불이나 큰 차이가 없으며, 그러므로 과거나 미래가 아니라 '지금 이 순간'이 중요하다는 것을 전하기 위함이었으리라 짐작됩니다.

부처님은 과거의 자신을 알고 싶다면 지금의 자신을 보면 된다고 했습니다. 미래의 자신을 알고 싶어도 지금의 자신을 보면 된다고 했습니다.

『벽암록』에는 "내 인생에서 가장 행복하고 귀중한 날은 언제인가? 바로 오늘이다. 그리고 그 자리는 바로 여기다. 어제는 지나간 오늘이요, 내일은 다가오는 오늘이다. 그러므로 오늘 하루를 이 사람의 전부로 여기며 살아야 한다."라는 구절이 있습니다. 지금 이 순간 살아 있는 것에 감사할 줄 아는 이라면 절대로 오늘 할 일을 내일로 미루지 않습니다. 목표를 세우면 곧바로 실천에 옮깁니다.

2010년 설을 맞아 저는 신도와 카페 회원들과 함께 자비를 실천하겠다는 염원을 담은 편지를 타임캡슐에 담아 땅에 묻었습니

언제가 가장 소중한 시간입니까? 바로 지금입니다.
누가 가장 소중한 사람입니까? 바로 당신 곁의 사람입니다.
무엇이 가장 소중한 일입니까? 바로 지금 복 짓는 일입니다.

다. 새해를 여는 순간이라는 마음에 편지를 쓰는 사람들의 얼굴이 밝았습니다.

따지고 보면 새해 첫날이 따로 있는 것은 아닙니다. 하루하루를 새해 첫날을 여는 마음으로 사는 사람의 마음속에는 항상 찬란히 떠오르는 새해의 광명이 깃들어 있을 것입니다. 그리하여 날마다 좋은 날이 될 것입니다.

언제가 가장 소중한 시간입니까? 바로 지금입니다.
누가 가장 소중한 사람입니까? 바로 당신 곁의 사람입니다.
무엇이 가장 소중한 일입니까? 바로 지금 복 짓는 일입니다.

이 세 가지 사실을 명심하시기 바랍니다.

1분
명상

고요한 장소를 찾습니다.
작은 방이어도 좋고, 산속이나 사람이 많지 않은 공원 벤치도
좋습니다.

허리를 반듯하게 펴고 편안하게 자리에 앉습니다.
바닥에 앉을 때는 양반다리로 앉으면 되고,
의자에 앉을 때는 등받이에서 등을 약간 떼고서 앉습니다.

이제 시계 알람을 1분 후로 맞춥니다.
양손은 편안하게 두고 눈을 감습니다.
천천히 숨을 들이마셨다 내쉬기를 반복합니다.
1분이 아주 짧은 시간 같지만, 호흡에만 집중하다 보면 그 1분이란
시간에도 우리가 숨을 쉬고 깨어 있다는 것을 느낄 수 있습니다.

알람이 울릴 때까지 호흡에만 집중하면서
숨을 크게 들이마시고 내쉽니다.
1분 명상으로 1시간을 평온하게 보낼 수 있을 것입니다.

맺는 글

쉼이
곧
깨달음

요즘 많은 사람들이 명상을 합니다. 명상을 하는 목적은 제각각입니다. 어떤 사람은 편안한 마음을 얻기 위해서 명상을 하고, 어떤 사람은 몸 건강을 위해서 명상을 하며, 어떤 사람은 깨달음을 얻기 위해서 명상을 합니다. 그런데 명상이란 무엇일까요?

저는 명상을 '지금 이 순간, 알아차림'이라고 정의합니다. 무엇을 알아차리느냐고요? '자신이 하고 있는 것'을 알아차립니다.
예를 들어 앉아서 하는 명상을 할 때는 들숨과 날숨을 알아차립니다. 의사가 청진기로 환자의 숨소리를 듣듯이 자신의 숨소리에 집중해야 합니다. 그러다 보면 자연스럽게 공기가 코와 기관지를 지나서 가슴 깊숙이 파고드는 느낌이 듭니다. 배가 불룩해졌다가 이내 꺼지는 것도 느껴집니다. 하지만 오래지 않아서 숨소리에 집중하지 못하게 하는 방해자가 있다는 것을 깨닫게 됩니다. 바로 잡념입니다. 이런저런 생각, 해야 할 일들에 대한 계획, 과거의 기억들이 수시로 떠올라 명상을 방해할 것입니다.

걷는 행위에 모든 주의를 기울이는 걷기 명상에서도 최악의 방해자는 잡념입니다. 번갈아가면서 대지를 밟는 두 발의 느낌도 잠시, 어느새 머릿속은 망상의 용광로가 되어버리기 일쑤입니다.

이렇듯 잡념은 명상에서 최악의 적입니다. 따라서 저는 '명상은 생각하는 게 아니라 생각을 버리는 것'이라고 정의합니다. 불교 수행자들이 '방하착(放下着)'이라 하여 집착하는 마음을 내려놓는 수행을 하는 것도 이런 맥락에서입니다.

오래전에 이런 일이 있었다고 합니다. 한 스님이 산길을 가는데 가파른 절벽 근처에서 "사람 살려!" 하는 절박한 소리가 들렸습니다. 소리가 나는 곳으로 가서 보니 나뭇가지를 붙잡고 매달려 있는 이가 보였습니다. 스님이 어찌된 영문인지 물었습니다.

"제가 눈이 어두운 장님이다 보니 그만 발을 헛디뎌서 이렇게 됐습니다. 어서 저를 구해주십시오."

스님이 아래를 살펴보니 장님은 뛰어내려도 다치지 않을 높이에 있는 나뭇가지를 잡고 있었습니다. 스님이 말했습니다.

"지금 잡고 있는 나뭇가지를 놓아버리시오."

하지만 장님은 스님의 말을 곧이곧대로 믿지 않고 애걸하기 시작했습니다.

"지금 이 나뭇가지를 놓아버리면 천 길 낭떠러지로 떨어질 것이니, 그러지 말고 어서 저를 구해주십시오."

그러던 중 장님이 손에 힘이 빠져서 나뭇가지를 놓치고 말았습니다. 물론 장님은 엉덩방아만 찧었을 뿐 아무런 상처도 입지 않았습니다.

많은 사람들이 이야기 속 장님처럼 한 치 앞도 못 보고 살고 있습니다. 실제로 수영을 못하는 사람 가운데 자기 키보다 낮은 물속에서 허우적거리다가 그만 목숨을 잃는 이도 있다고 합니다. 살고자 하는 욕구가 외려 독이 되는 것이지요.

잡념은 명상을 하는 데 무거운 짐이 됩니다. 내려놓고 가면 홀가분하게 제 길을 갈 수 있는데도 많은 이들이 그 무거운 것을 애써 짊어지고 가려고 하는 이유는 짐을 보물로 착각하기 때문입니다.

저는 종종 "내가 나를 보는 것은 명상이지만, 내가 남을 보는 것은 망상"이라고 말합니다. '내가 나를 보는 것'은 나의 이름, 성별, 나이, 직업, 재산 따위를 본다는 말이 아니라 진정한 자아를 찾아가는 것입니다. 내가 나를 본다는 것은 바로 내 숨을 관찰하는 것입니다. 지금 이 순간 자리에 앉아서 고요히 숨을 관찰하고 있는 자신의 모습이 바로 참자아입니다.

부처님이 한 제자에게 물었습니다.

"사람의 목숨이 얼마 동안에 있느냐?"

"며칠 사이에 있습니다."

부처님이 다른 제자에게 물었습니다.

"사람의 목숨이 얼마 동안에 있느냐?"

"밥 먹는 사이에 있습니다."

부처님이 또 다른 제자에게 같은 질문을 던졌습니다.

"사람의 목숨이 얼마 동안에 있느냐?"

"호흡 사이에 있습니다."

"그렇다. 너는 도를 아는구나."

부처님의 말씀은 우리에게 많은 것을 생각하게 합니다. 우선 고작 호흡 한 번에 삶과 죽음의 경계가 갈린다는 것을 가르쳐줍니다. 누구나 언젠가는 숨을 거둡니다. 그 마지막 숨에 삶과 죽음의 경계가 달려 있는 것입니다. 그래서 명상에서는 숨을 관찰하는 게 그 무엇보다도 중요합니다.

앞서 저는 잡념이 명상의 짐과 같다고 했습니다. 그런데 짐은 무조건 나쁜 것일까요? 운동선수들은 모래주머니를 차고 뛰는 훈련을 합니다. 근력과 순발력을 높이기 위해서입니다. 듣자하니 모래주머니를 떼고 나면 운동선수들은 날아갈 것 같은 해방감을 맛본다고 합니다. 몰라보게 가벼워진 자신의 몸에 스스로 놀라는 것이지요.

잡념은 명상에서 모래주머니 역할을 합니다. 물론 명상의 궁극 목적은 잡념을 버리는 것이지만, 그 과정에서는 필수적으로 잡념을 받아들여야 합니다. 숨을 관찰하고 있으면 수없이 많은 잡념들이 머리를 스쳐갈 것입니다. 그럴 때면 무작정 잡념을 걷어내려고만 하지 말고 잡념의 내용이 무엇인지 기억해두십시오. 메모를 해도 좋습니다. 잡념은 마치 물의 흐름을 막는 바위와도 같습니다. 수시로 찾아오는 잡념의 정체가 무엇인지 그 근원을 쫓아가 보면 곤곤한 슬픔이 자리하고 있는 것을 알 수 있습니다.

명상의 목적은 자비심을 갖는 것입니다. 그러려면 무엇보다도 자신과의 화해가 필요합니다. 이를 위해서는 자신의 상처를 볼 수 있어야 합니다. 상처 난 자리를 무작정 덮기만 해서는 오히려 병이 깊어집니다. 예를 들어 다리에 염증이 생겼다고 칩시다. 제대로 치료를 하려면 염증이 난 곳을 소독해야 합니다. 때로는 염증의 뿌리를 도려내야 하기도 합니다. 염증이 재발하지 않도록 항생제를 먹어야 하는 때도 있습니다. 만약 염증이 난 곳이 보기 흉하다는 이유로 남에게 보이지 않으려고 거즈만 붙인다면 염증은 급속도로 번질 것입니다. 급기야 나중에는 다리를 잘라야 하는 일이 벌어질지도 모릅니다. 마음의 상흔도 마찬가지입니다. 무작정 숨기고 덮을 게 아니라 원인이 무엇인지 면밀히 살펴봐야 합니다.

이 세상의 모든 존재는 갈대 다발 속 갈대들처럼 서로 엮여 있습니다. 갈대밭을 떠올려보십시오. 바람이 불면 갈대밭은 일시에 우수수 넘어집니다. 하지만 오래지 않아 다시 일어섭니다. 혼자가 아니기 때문입니다. 넘어지게 하는 것도 옆의 갈대이지만, 일어서게 하는 것도 옆의 갈대입니다.

인간관계도 갈대 무리와 다르지 않습니다. 상처를 준 것도 타인이지만, 상처를 치료해주는 것도 타인일 수밖에 없습니다. 누군가 자신에게 상처를 줬다면, 그 누군가도 마찬가지로 타인에게 상처를 받았던 것입니다.

'당신도 나처럼 많이 아팠구나.' 이 사실을 깨닫게 되면 미움의 대상도, 화의 대상도, 분노의 대상도 모두 연민의 대상으로 바뀝니다. 타인에 대한 연민이 마음속에 싹트면 잡념이라는 짐을 내려놓을 수 있을 것입니다. 그러면 들이마시고 내쉬는 숨 한 번에 우주가 진동한다는 사실을 몸소 깨달을 수 있을 것입니다. 내딛은 발바닥에서 대지의 숨결을 몸소 느낄 수 있을 것입니다.

독자 여러분 모두 마음의 짐을 내려놓고 쉬시길 바라면서 이만 글을 마무리하고자 합니다. 등산을 하다 보면 숨 가쁘게 정상을 향해 오를 때는 주변 풍경이 보이지 않습니다. 하지만 가벼운 걸음으로 내려오다 보면 천천히 산이 눈에 들어오기 시작합니다. 수줍게 미소 짓고 있는 작은 풀꽃 한 송이, 열심히 먹이를 나르는 곤충들의 모습에서 경이로운 세계를 발견하게 됩니다.

마음이 욕망에 사로잡혀 있으면 세상을 있는 그대로 볼 수 없습니다. 탁한 눈에 비친 세상은 탁할 수밖에 없습니다. 마음의 무거운 짐을 내려놓았을 때 비로소 눈이 맑아지고, 세상이 맑게 보입니다. 알고 보면 세상엔 예쁜 것들이 참 많습니다.

자작시로 책을 열었으니 마무리도 비록 졸작이긴 하나 자작시로 하겠습니다. '쉼이 곧 깨달음'이라는 가르침을 주제로 쓴 시입니다.

몇 해를 거기에 서 있었을까?
해가 뜨는 방향으로 허리가 휜 소나무
그 그늘 아래서
하얀거만 해제(解制)하고
받은 화두는 해제(解題)하지 못한 아쉬움에
도반들과 인사를 나눈다.

때마침 나뭇가지에는 잠자리 한 마리
찰나 속에 영원의 휴식을 취한다.
쉬는 게 깨달음이라는 듯
접은 날개가
어느 다정한 가족이 사는 집의 처마인 듯
아늑하다.

-「안거(安居)」

알고 보면
괜찮은
ⓒ 마가, 2013

2013년 11월 11일 초판 1쇄 발행
2013년 12월 3일 개정판 1쇄 발행
2023년 2월 27일 개정판 7쇄 발행

지은이 마가
발행인 **박상근(至弘)** • 편집인 **류지호** • 상무이사 **김상기** • 편집이사 **양동민**
편집 **김재호, 양민호, 김소영, 최호승, 하다해** • 디자인 **쿠담디자인**
제작 **김명환** • 마케팅 **김대현, 이선호** • 관리 **윤정안**
콘텐츠국 **유권준, 정승채**
펴낸 곳 **불광출판사** (03169) 서울시 종로구 사직로10길 17 인왕빌딩 301호
　　　　대표전화 02) 420-3200 편집부 02) 420-3300 팩시밀리 02) 420-3400
　　　　출판등록 제300-2009-130호(1979. 10. 10.)

ISBN 978-89-7479-041-7 (03200)

값 15,000원

잘못된 책은 구입하신 서점에서 바꾸어 드립니다.
독자의 의견을 기다립니다. www.bulkwang.co.kr
불광출판사는 (주)불광미디어의 단행본 브랜드입니다.